太极拳

太极单剑

春秋大刀

陈氏太极拳嫡宗传人陈正雷先生收徒仪式

逢盛世收门徒泽被后世

开先河创太极功盖寰宇

向陈正雷师父行拜师仪式

陈正雷师父授太极拳

无处不太极，招招皆学问

在陈家沟陈正雷书院门前跟师父晨练

陈正雷历届年会弟子班助理导师

作为考评员与师父和师兄弟一起到美国开展武术段位考评

参加（三亚）第四届世界太极旅游文化节，与中国武术协会原主席
张耀庭（中）及师父陈正雷家人合影

在新加坡比赛获奖，接受王西安老师（中）颁奖

2015 年获得中国武术段位七段

荣获陈家沟陈式太极拳杰出传承人荣誉

首次收徒仪式

深圳德奇太极应邀出席（三亚）第四届世界太极文化旅游节，获优秀团体奖

在欧洲弘扬太极拳

进学校弘扬太极拳

太极拳进社区公益活动

2020 年 12 月 17 日在深圳前海
带领太极拳爱好者祝贺中国太极拳
世界申遗成功

积极响应全民
健身日活动现场

太极拳进企业
（中国建设银行深圳分行）

继承与创新结合，
开展太极拳康养培训

图解陈式太极拳 健身养生功

谢宗奇 著

陈正雷题

河南科学技术出版社
·郑州·

图书在版编目（CIP）数据

图解陈式太极拳健身养生功 / 谢宗奇著 . —郑州：河南科学技术出版社，2022.11
ISBN 978-7-5725-0848-6

Ⅰ . ①图… Ⅱ . ①谢… Ⅲ . ①陈式太极拳－图解 Ⅳ . ① G852.11–64

中国版本图书馆 CIP 数据核字（2022）第 112575 号

出版发行：河南科学技术出版社
　　　地址：郑州市郑东新区祥盛街 27 号　　邮编：450016
　　　电话：（0371）65788613　65788625
　　　网址：www.hnstp.cn
责任编辑：武丹丹
责任校对：董静云
封面设计：张　伟
版式设计：刘　金
责任印制：张艳芳
印　　刷：河南瑞之光印刷股份有限公司
经　　销：全国新华书店
开　　本：787 mm×1 092 mm　1/16　　印张：10　　字数：203 千字　　插页：8
版　　次：2022 年 11 月第 1 版　　2022 年 11 月第 1 次印刷
定　　价：39.80 元

如发现印、装质量问题，影响阅读，请与出版社联系并调换。

序

河南温县陈家沟，是太极拳的发源地。几百年来，太极拳及其文化在这里生生不息，名家辈出。我与陈家沟陈氏十九世、太极拳第十一代嫡宗传人陈正雷过往甚密。宗奇是他最得意的入室弟子之一。

宗奇自幼习武，少年时期师从穆春德和王爱民老师学习查拳和少林拳，青年时期除跟随父辈习练太极拳外，还跟其中学老师杨祖训学习太极拳，20世纪70年代末跟随陈正雷学习陈式太极拳。

宗奇各阶段的习拳老师都是我从青年时期以来的好拳友、好朋友。宗奇天资聪颖，几十年如一日，坚持习练武术套路，从业余爱好到专注于武术传承，勤思索、肯钻研，对武术、武术养生逐步形成了自己的独到见解，是武术传承的好苗子。

21世纪初，宗奇学有所成，南下深圳发展，开始全身心投入太极拳的学习与发扬中，成立了深圳市德奇太极文化有限公司，组建了自己的教练团队，在广东省武术协会指导下把武术段位制与武术"六进"工作相融合进行推广，特别在太极拳进机关、进学校、进企业、进社区等几方面取得了喜人的成绩。

近年，宗奇受邀担任广东省武术协会传统太极拳管理和推广部部长，弘扬与传承太极拳文化的责任更重了。无论是参与广东省各项武术赛事活动，还是应邀到各地交流、讲学，他都在积极思考如何将太极拳更好地发扬光大，使更多的人受益。为此，还多次虚心请教，征求我的意见。

太极拳的健身养生功效已经得到了世界的认可、现代医学的验证，尤其在一些慢性病的预防、治疗及康复方面更是有明显的效果。

宗奇将他长期对太极拳的理解与体会应用到教学中，取得了不错的效果。他的这本《图解陈式太极拳健身养生功》，浓缩了他对太极拳理解的精华，书中有理论、有依据，功法中有细节，效果中有实例，深入浅出，针对性强，易学易懂易练，是一本难得的养生功法图书。

随着太极拳列入联合国教科文组织人类非物质文化遗产代表作名录，愿有越来越多的"谢宗奇"一起传播、弘扬太极拳和太极拳文化，助力全民健身工作开展，为建设健康中国做出积极贡献。

中国武术协会副主席

广东省武术协会主席

2021 年 12 月于广州

前言

北京时间 2020 年 12 月 17 日，太极拳经联合国教科文组织保护非物质文化遗产政府间委员会评审通过，列入联合国教科文组织人类非物质文化遗产代表作名录。这是中国传统体育及武术领域中第一项列入人类非遗的项目。集健康、武术、文化三种属性于一体的太极拳进一步得到世界认可，是中国文化强国之路建设的"助推剂"。

作为中华优秀传统文化的瑰宝，太极拳从诞生之初发展至今，已成为一项世界性的运动，其影响力已经遍及世界 150 多个国家和地区，深受数亿世界人民的喜爱。

太极拳是以中国传统文化中的儒、释、道、武、医等思想为理论基础，以太极阴阳哲理为健身和技击技术应用的指导思想而发展起来的集健身、武术、修养三大功能于一体的拳术。

太极拳的健身体系和临床治疗干预措施是建立在中国传统养生和医学思想基础上的，广受传统哲学思想影响。它汲取了传统中医养生理论和传统健身方法。太极拳的健身养生、防病治病作用和功能在几十年的实践中逐渐得到社会的认可，以及国内外科学家、医学专家、高等院校科研团队的关注，并进行相关研究和实践。

我的恩师，国家级非物质文化遗产项目太极拳代表性传承人、陈家沟陈氏十九世、太极拳第十一代嫡宗传人、中国武术九段、中国当代"十大武术名师"、国家体育总局武术研究院专家委员会专家陈正雷先生自 20 世纪 80 年代起就亲自参与了国内外高校科研团队关于太极拳健身机制方面的相关研究。国内若干太极拳知名专家受邀与国内外高校和科研机构进行的太极拳与人体健康合作研究成果很多，太极拳已成为促进身心健康的一项系统工程。

余自幼习武，早早接触太极拳，缘于儿时的生活环境。余出身书香之家，启蒙教育早，识字前已翻烂了多本家藏连环画，《三国演义》《水浒传》中的英雄侠客形象早已印在脑海中。余自小生活在部队旁，每天清早就被军号唤起，去看解放军叔叔操练，特别喜欢看他们摔摔打打，心中有了当武侠的初心和梦想。步入学龄阶段，父辈们就把我们几个同龄的小伙伴们组织起来，请了一位会查拳的回族叔叔杨振西教我们武功，一是便于管理我们，二是也能锻炼身体，就这样我走上了习武之路。后来，杨叔叔又请来了同门穆春德师父和王爱民师父一起教我们。

我学习太极拳是受父亲的影响，父亲是《平顶山工人》杂志的创刊人和编辑，一辈子从事文字工作，但非常喜欢运动，一生都坚持晨练。从我记事开始一直到结婚有了自己的家，每天都坚持与父亲一起晨练。父亲的晨练以跑步、站桩、打杨式太极拳为主，太极拳是他年轻时跟同事学的。20世纪60年代末，父亲带着我，每天都会去当时的平顶山市第一高级中学操场晨练，那时候的学校是开放式的，居住在周边的人都去校园里晨练。当时我的中学体育老师杨祖训和其他老师也在校园内打杨式太极拳，父亲他们在练拳时我也跟着模仿，也就是从那个时候我认识了太极拳。机缘巧合，18岁那年，我家搬迁到市工人文化宫院内居住，文化宫大院是全市锻炼身体的主要场所，这里汇集了各种武术拳种的老师，许多人在此练拳，我的恩师陈正雷老师刚巧传拳到这里，并在这里首次举办了两期太极拳培训班，带动了平顶山市学习陈式太极拳的高潮。文化宫院内学习陈式太极拳的人很多，父亲和他的同事们也都加入其中，也就是从那时候我有幸正式接触陈式太极拳。

始起随父辈老师和朋友一起业余习练太极拳，愈练兴趣愈浓，只因那个时代，家庭、事业和梦想环绕吾身。悠悠二十载已过，未能专攻，仍是业余身。时间过得很快，不知不觉步入中年，经历了很多，看淡了一些，喜欢的只剩下太极拳。遂找到恩师陈正雷先生拜入师门，成为陈式太极拳第十二代传承人。近二十年来，追随恩师专攻太极拳，往返陈家沟培训几十次，长年随恩师在国内外传拳授技，同时认真学习，努力钻研，刻苦练功，苦逼自己把失去的光阴找回来。功夫不负苦心人，经过近二十年专攻，我熟练掌握了陈式太极拳的拳和器械的所有套路，并且在恩师指导下把太极拳运动处方应用在健身养生、防治康复上，取得了一点成效。现把积累的点滴实践经验汇集成册分享出来，非名利所惑，而是内心喜好和责任使然，也是对恩师"弘扬太极、造福人类"的响应，并实现自我不忘初心的梦想。

谢宗奇

艺名：陈德奇

2021年11月

目录

第一章　太极拳与中国传统文化 / 1

第一节　太极拳的起源和传承发展 / 2

一、太极拳的起源 / 2

二、陈式太极拳的传承 / 2

三、陈式太极拳的发展 / 3

第二节　太极拳蕴含的哲学理念对身心健康的影响 / 4

一、"天人合一"是太极拳所反映的中国古代哲学思想的精髓 / 5

二、"内外合一"的哲学思想是指导太极拳健身养生的主要内容 / 5

三、形神兼备的哲学思想体现在太极拳习练之中 / 5

四、古代阴阳之理是太极拳拳理的源泉 / 5

第三节　太极拳养生之理广泛吸收了中医理论学说 / 6

一、阴阳五行理论相通 / 6

二、脏腑学说相通 / 6

三、经络学说相通 / 7

四、气血学说相通 / 7

第四节　太极拳在继承发展中已成为身心健康的系统工程 / 8

第五节　陈式太极拳在未来广泛应用于慢性病的康复治疗 / 12

第二章　陈式太极拳在健身养生、防病治病方面的作用 / 13

一、提高人体免疫力 / 14

二、疏通人体经络 / 15

三、控制血糖，改善糖尿病病症 / 18

四、预防和治疗高血压 / 19

五、改善焦虑症、失眠症、抑郁症 / 21

六、对脊椎疾病的防治和康复作用 / 22

七、防治、缓解呼吸系统疾病 / 23

八、改善帕金森病患者的步态、平衡力 / 25

九、减轻骨骼疼痛 / 26

十、提高肠胃的消化吸收功能 / 27

十一、利于心脑血管疾病的防治、康复 / 28

十二、对癌症有很好的预防、康复、治疗作用 / 30

十三、其他案例习练太极拳的收获 / 32

第三章　陈式太极拳健身养生功法练习 / 35

第一节　习练陈式太极拳对身体的要求 / 36

一、头颈部 / 36

二、躯干和上肢部 / 36

三、下肢和脚部 / 36

第二节　陈式太极拳的手型和步型 / 37

一、三种手型 / 37

二、三种步型 / 38

第三节　陈式太极拳养生功的主要基础步法 / 40

一、开步 / 40

二、太极步 / 41

第四节　抻筋拔骨术 / 45

一、抻筋拔骨术的作用 / 45

二、抻筋拔骨术的练习方法 / 45

（一）活动腕关节 / 45　　　　（九）活动膝关节 / 55

（二）活动肘关节 / 46　　　　（十）活动踝关节 / 56

（三）活动肩关节 / 47　　　　（十一）弹抖放松 / 57

（四）活动头颈 / 49　　　　　（十二）弓步压腿 / 58

（五）扩胸振臂 / 51　　　　　（十三）仆步压腿 / 59

（六）架臂转腰 / 52　　　　　（十四）提膝开胯 / 60

（七）抡臂拍打 / 53　　　　　（十五）全身引体向上拉伸 / 61

（八）活动髋关节 / 54

第五节　缠丝劲 / 61

一、缠丝劲的种类和特点 / 62

二、缠丝劲在健身养生方面的作用 / 62

三、六种缠丝劲的练习方法 / 62

（一）单手正面缠丝 / 62　　　　（四）左右后捋缠丝 / 68

（二）双手正面缠丝 / 65　　　　（五）双手侧面缠丝 / 70

（三）单手侧面缠丝 / 66　　　　（六）双顺双逆上下缠丝 / 72

第六节　陈式太极混元桩功 / 74

一、关于桩功 / 74

二、中国武术众多流派中桩功的名称 / 74

三、练习陈式太极拳桩功的目的 / 74

四、陈式太极拳桩功对身体各部位的要求 / 75

五、陈式太极拳站桩中的常见错误 / 76

六、陈式太极拳站桩时的正常表现 / 76

七、习练陈式太极拳桩功的五个阶段 / 77

八、从中医经络学说探讨陈式太极混元桩功养生的机理 / 78

九、陈式太极混元桩功"三字经" / 78

十、陈式太极混元桩功示意 / 79

第七节　陈式太极拳聚气功 / 80

一、采气功法 / 80

二、抓气功法 / 82

第八节　陈式太极拳六首四象基础功 / 85

一、动作名称 / 85

二、动作运行路线 / 85

三、动作图解 / 86

第一式：太极起势 / 86　　　　第四式：六封四闭 / 93

第二式：金刚捣碓 / 87　　　　第五式：单鞭 / 95

第三式：懒扎衣 / 91　　　　第六式：收势 / 98

第九节　陈式太极拳二十六式养生功 / 102

一、动作名称 / 102

二、动作图解 / 103

第一式：太极起势 / 103　　　　第七式：斜行 / 117

第二式：金刚捣碓 / 105　　　　第八式：搂膝 / 119

第三式：懒扎衣 / 109　　　　第九式：拗步 / 120

第四式：六封四闭 / 111　　　　第十式：掩手肱拳 / 122

第五式：单鞭 / 113　　　　第十一式：撇身捶 / 124

第六式：白鹤亮翅 / 116　　　　第十二式：双推手 / 126

第十三式：肘底看拳 / 127

第十四式：倒卷肱 / 129

第十五式：高探马 / 132

第十六式：十字脚 / 133

第十七式：指裆捶 / 135

第十八式：猿猴探果 / 136

第十九式：单鞭 / 137

第二十式：雀地龙 / 138

第二十一式：上步七星 / 139

第二十二式：下步跨肱 / 140

第二十三式：转身双摆莲 / 141

第二十四式：当头炮 / 142

第二十五式：金刚捣碓 / 143

第二十六式：收势 / 144

后记 / 146

第一章

太极拳与中国传统文化

　　太极拳是以中国传统文化中的儒、释、道、武、医等思想为理论基础，以太极阴阳哲理为健身和技击技术应用的指导思想而发展起来的一种中国传统武术。太极拳产生于明清之际，300多年来，饱受中国传统文化的熏陶和影响，在技术理论上逐渐成熟和完善，从创立初期的陈式太极拳相继演化出诸多流派，并形成了独特文化形态的中国太极拳技术和理论体系。从表面上看，太极拳只是一项健身体育项目，但就其运动方法、形式和内容上，它蕴涵着中国传统哲学、宗教、医学、兵法、养生等深邃的文化思想和精髓，是中国传统文化的一个载体。

第一节　太极拳的起源和传承发展

一、太极拳的起源

太极拳发源于河南省温县陈家沟，创始人是明末清初陈家沟陈氏九世祖陈王廷，当其他各派太极拳衍变产生后，人们称发源于温县陈家沟的太极拳为陈式太极拳。

陈王廷（1600—1680）生于河南温县常阳村（于陈王廷壮年时改称陈家沟村）。据《陈氏家乘》记载，陈王廷字奏庭，明末清初陈家沟陈氏第九代人，明武庠生，清文庠生。陈王廷自小习文练武，文武兼备，擅长拳法，武功纯厚。青年时披坚执锐，在豫、鲁、晋一带走镖往战，负有盛名。因应考武举惹出命案而终生与仕途无缘。明之后，时局动荡，政治荒芜，陈王廷报国无门，万念俱灰，晚年隐居乡里，潜心收集研究民间武术。他根据太极阴阳转换之理和《黄庭经》等导引吐纳之术以及中医经络学说，在重点继承和发扬戚继光于1560年写成的《拳经》三十二势等多门武术的基础上，融会创新，加上自己平生习武所悟，创立了"陈式太极拳"，又称"陈氏太极拳"或"陈家太极拳"。陈王廷的太极拳著作因年代久远，多遭散失，现尚存《拳经总歌》和《长短句》词一首。《长短句》道：

　　叹当年，披坚执锐，扫荡群氛，几次颠险。蒙恩赐，枉徒然！到而今，年老残喘，只落得《黄庭》一卷随身伴。闷来时造拳，忙来时耕田。趁余闲，教下些弟子儿孙，成龙成虎任方便。欠官粮早完，要私债即还。骄谄勿用，忍让为先。人人道我憨，人人道我颠。常洗耳，不弹冠。笑杀那万户诸侯，兢兢业业，不如俺心中常舒泰，名利总不贪。参透机关，识彼邯郸，陶情于渔水，盘桓乎山川，兴也无干，废也无干！若得个世境安康，恬淡如常，不忮不求，哪管他世态炎凉！成也无关，败也无关！不是神仙，谁是神仙？

陈王廷创编太极拳至今300多年，历经陈氏后裔和再传弟子从拳技和拳理诸方面的不断充实完善，从而形成了今天完整的太极拳体系。

二、陈式太极拳的传承

自陈王廷创太极拳之后，陈家沟练习太极拳之风甚盛，习武风气沿袭，经久不衰，并且代代名手辈出。我在本书中只选择在太极拳发展史上有突出贡献的几位太极先辈进行介绍。

陈式太极拳第六代代表性传承人：陈氏十四世陈长兴（1771—1853），字云亭，秉承学家，功夫深厚，练拳行走，身正合一，人称"牌位先生"。著有《太极拳十大要论》《太极拳用武要言》《太极拳战斗篇》。他在祖传老架套路的基础上将太极拳套路由博归约，精炼归纳，创造性地发展成为现在的陈式太极拳一路、二路（又名炮捶），后人称为太极拳老架。他的另外一大贡献是打破门风，把陈氏家传太极拳传给了杨式太极拳创始人杨露禅。

陈式太极拳第八代代表性传承人：陈鑫（1849—1929），字品三，陈家沟人，清岁贡生，近代中国体育史、武术史上著名的太极拳家，太极拳理论集大成者。著有《陈氏太极拳图说》四卷、《太极拳引蒙入路》（即《陈氏太极拳图说》简明本）、《三三六拳谱》、《陈氏家乘》五卷、《安愚轩诗文集》若干卷等。

陈式太极拳第九代代表性传承人：十七世陈发科（1887—1957），近代太极拳代表性人物，对发展和传播太极拳有杰出的贡献。功夫好，创陈式太极新架。沈家桢、顾留馨、洪均生、田秀臣、雷慕尼、冯志强、李经梧等近代武术家、太极名家都是其徒弟。

陈式太极拳第十代代表性传承人：十八世陈照丕（1893—1972），著名太极拳名家，太极拳理论造诣极深，著有《陈氏太极拳汇宗》《太极拳入门》《陈氏太极拳图解》《陈氏太极拳理论十三篇》等书。而且他是陈式太极拳发展中承前启后、继往开来的一代大师，他培养了享誉世界的"四大金刚"陈正雷、陈小旺、王西安、朱天才，为推广太极拳做出了巨大贡献。

陈式太极拳第十一代代表性传承人，我的恩师：十九世陈正雷（1949—），中国非物质文化遗产项目陈氏太极拳杰出传承人，国家体育总局武术研究院专家委员会专家，中国当代"十大武术名师"，中国武术九段。自幼习祖传拳术，拜伯父陈照丕为师，功夫纯正，理论娴熟。著有《陈式太极拳全书》《陈式太极拳养生功》《陈式太极拳剑刀》等著作，培养弟子千余人，培训学员遍布世界各地。

三、陈式太极拳的发展

陈式太极拳在河南温县陈家沟村陈氏家族世代传承，到了晚于陈王廷五代的陈长兴和陈有本，二人由博归约，分别创编出太极拳大架（亦称老架）一路、二路和太极拳小架（亦称新架）一路、二路。陈长兴从理论上对太极拳进行了总结，著有《太极拳十大要论》《太极拳用武要言》《太极拳战斗篇》等。陈式太极拳从陈长兴起开始向族外传播，逐渐衍生出多家太极拳体系，太极拳也从温县陈家一隅开始向全世界传播开来。

太极拳经300余年的传承，经过不断提炼发展，逐步形成了融哲理、拳理、医理于一身，集健身、修心、养性、娱乐、休闲等多元功能于一体的传统体育项目。

随着 21 世纪的到来，人们的生活节奏越来越快，工作和生活压力也在逐步增大，可是人们的心理承受能力却在不断降低。身心健康问题已成人们生活中的首要问题，也是人类生活永恒的话题。陈式太极拳融合了太极阴阳、儒家思想、道家思想、中医经络学等中华传统文化的特点，符合现代人强身健体、修身养性的需求，是人们锻炼身体的较佳选择之一。

随着时代的发展，在太极拳的进一步传承推广中，还有很大的潜在功能需要传承者去开发。在继承中要和创新结合起来，在保证太极拳内在特点不变的基础上，不断推出相对简单易学，具有明显专项健身养生功能的套路，以适应更多民众的需求。我的恩师陈正雷先生在 20 世纪 90 年代推出了《陈式太极拳养生功》，这个简单套路源于陈式太极拳，是陈式太极拳在健身养生和医疗保健方面的精华套路，它择取陈式太极拳独特的采气、集气、炼气、炼意方法，把意、气、形和呼吸有机地结合在一起，同时又舍去了陈式太极拳套路中的高难动作，具有得气快、气感强、祛病强身效果好而又方便易学等优点。该书出版至今已重印十几次，得到诸多太极拳爱好者的称赞。

未来，太极拳在科学实验的配合与验证下，将不仅仅局限于传播传统健身养生之精华套路，而且还将根据不同病症的医学要求不断地创新发展，创编出更多有针对性的辅助治疗慢性疾病的太极拳运动处方，让更多的人受益。

第二节　太极拳蕴含的哲学理念对身心健康的影响

中国古代哲学思想为太极拳形成提供了理论依据。"太极"一词，最早见于《周易·系辞上传》："是故易有太极，是生两仪，两仪生四象，四象生八卦。"最初的"易"是指宇宙变化运动之历程，这种宇宙变化之大历程有所始，就是"太极"，"太极"即至极，太极生两仪，由两仪生四象，四象就是四时。"太极"一词体现了中国哲学的辩证思想，形成了中华民族传统最早的理论思维方式。

北宋周敦颐在《太极图说》中说："无极而太极。太极动而生阳，动极而静；静而生阴，静极复动。一动一静，互为其根……五行，一阴阳也，阴阳，一太极也。太极本无极也。"他认为事物都是由无极而太极的，由太极之动静而有阴阳，阴阳变化而生五行，由阴阳五行而生出万物。他的这一太极阴阳理论的阐释成为太极拳理论的源泉，阴阳学说也是太极拳发展的基础。总之，"太极""阴阳"是一种朴素的辩证思想，也正是古代太极、阴阳等哲学观点为太极拳技术和思想的形成提供了理论依据。

在太极拳的发展过程中，无论是理论核心还是技术体系都一直追求人与自然、人与人、人自身的协调统一，构成了太极拳较为突出的文化特征——整体观，体现了崇尚自然、天人合一、内外合一和形神兼备的中国哲学思想。

一、"天人合一"是太极拳所反映的中国古代哲学思想的精髓

太极拳要求人与自然建立一种和谐统一的关系，保持一种良性的生态平衡。练拳时要让自我与天地自然融为一体，让大自然的能量充盈自己，这就是天人合一的体现。天人合一追求的宇宙、自然、人、物和谐统一的观念，始终贯穿在太极拳的思维和实践之中。中国古典哲学的内涵与太极拳的结合，是一种从"哲理"到"拳理"的过渡和跨越。古代哲学含义在太极拳的招式中得到了具体实现。陈式太极拳第八代代表性传承人、著名太极理论家陈鑫在其《陈氏太极拳图说·太极拳经谱》中说"盈虚有象，出入无方，神以知来，智以藏往。宾主分明，中道皇皇，经权互用，补短截长"，这是太极拳最智慧的方面，也是认识和修炼太极拳的核心。

二、"内外合一"的哲学思想是指导太极拳健身养生的主要内容

太极拳讲究人体内部意、气、劲三者之间的相互协调及人体外部形态的变化和运动。"以意导气，以气运身"，意到气到，气到力生，气到之处，带动肌肉的收缩，催动肢体的运动，体现了"以中治外、循理而动"的道理。太极拳通过人体外部的筋、骨、皮的运动，来促进人体内在的气、血、精的变化。这一运动形式包含着丰富的"由外及内、以外练内、以外调内、内外合一"的哲学健身养生思想，就是通过肢体的这种运动有效地促进人体血液的流动，从而调节人的神经机制，让人体内外生理机能平衡，达到健身养生的最终目的。

三、形神兼备的哲学思想体现在太极拳习练之中

著名太极拳理论家陈鑫在《陈氏太极拳图说·太极拳权论》中说："盖有形之运动，未若无形之运动之为愈；而无形之运动，尤不若不运动、自运动者之为神。"在太极拳练习的过程中要求通过形体表现来达到形神的专注、合一。

形神是中国传统养生思想的主要内容，太极拳的养生思想受到中国传统医学和传统养生思想的影响。明代医籍《类经》称："无神则形不可活，无形则神无以生。"太极拳的练习就是以形传神、以神传意、以意导气、以气固本，完成身与心、内与外、意与气、气与力的统一，最终达到身心合一的健康状态。

四、古代阴阳之理是太极拳拳理的源泉

太极拳的动静、刚柔、虚实、开合等特征，也都是源于古代阴阳之理，处处都体现出中国古代辩证方法和传统哲学思想、医学、养生理论。

第三节　太极拳养生之理广泛吸收了中医理论学说

传统中医学说为太极拳的孕育与发展提供了养分。太极拳广泛吸取传统中医养生理论，中医学中的阴阳五行学说、脏象学说、经络学说、气血学说促成了太极拳丰富的健身养生理论。

一、阴阳五行理论相通

中医理论讲阴阳对立、阴阳消长、阴阳互根、阴阳转换，用这些规律来说明人体的组织结构、生理功能、病理变化，并用它来指导临床诊断与治疗。而太极拳理论是以太极图为中心而推演出的。图中黑白分别为阴阳的各自属性，S形线代表阴阳的消长变化和运动中的平衡关系，其中黑中之白眼、白中之黑眼代表着阴中有阳、阳中有阴，并隐喻着阴阳具有无限可分性。

在中医治疗学中有寒热、虚实、表里等阴阳属性不同的病症，有温、清、补、泻和解表、治里等相应治法。在太极拳运动中则有动静、开合、刚柔、虚实等阴阳属性之不同，并有动静变化、开合鼓荡、虚实分明、刚柔相济等阴阳属性不同的人体内外运动变化。

在中医学中，五行学说是用来取类比象进行推演，归类人体的脏腑之间的生理功能、病理影响的相互关系，以及用来指导临床诊断、制定法则的。即以木、火、土、金、水五行之间的生克、乘侮关系进行推演。而在太极拳法中，掤、捋、挤、按、采、挒、肘、靠八门，进、退、顾、盼、定五步，也是按五行区分和掌握生克变化规律的。

由此可知，中医学与太极拳在阴阳五行理论上是相通的，在养生治病的目的上也是一致的。二者都是强调要不断地调整阴阳关系和五行生克乘侮关系，中医是用药，而太极拳是用动作导引，从而达到人体五脏六腑的生理平衡，少生病、不生病。

二、脏腑学说相通

中医脏腑学说注重通过对人体体表的观察以推测内脏活动的情况，即"以外揣内"。

著名太极拳理论家陈鑫在《陈氏太极拳图说》中提到了人体脏腑与天地之间的关系。在"脏腑配地支图"中说："子肾午心少阴君，丑脾未肺太阴根，寅胆申焦少阴枢，卯大酉胃阳明分，辰小戌膀太阳本，巳包亥肝终厥阴。五运六气司变化，武术得之自通神。"他认为通过对人体神的外在表现的观察可以推测出内脏的活动状况，依此类推，内脏的健康状况也可以由外部的五神体现出来。可以说，传统中医学为太极拳孕育发展提供了养分。无论是中医学还是太极拳，其防病治病、养生保健的核心都体现在脏腑功能上。因为人是一个有机的整体，五脏六腑之间各有专司，又相互依存、相互制约、相互协调。脏腑之间生理功能的平衡与否，决定了人体健康状况。太极拳这种以内养外的拳种，就是通过动作的导引、调息吐纳、神意锻炼等来稳定五脏六腑的正常活动，从而达到防病保健的目的。所以说，中医脏腑学说与太极拳以内养外、以外察内是一脉相承的。

三、经络学说相通

经络是遍布全身的网络结构，是中医学的基本理论，一直在医学实践中起着重要的指导作用。《灵枢·经脉》说："经脉者，所以能决死生，处百病，调虚实，不可不通。"

太极拳继承了中国几千年传统中医经络理论，将拳理与经络气血学说融为一体。陈鑫在《陈氏太极拳图说·任脉督脉论》中说："任脉起于会阴，上行循腹里，至天突、廉泉止""打拳以调养血气，呼吸顺其自然"。

太极拳重在养气、运气，练拳不明经络，犹如治水不懂江河湖海水流分布，盲目妄行，易出差错。

中医经络分经脉、络脉、十二经筋、十二皮部。太极拳以通任督二脉为基础，要求"以气运身，如九曲珠无微不至"，又讲"运之于身，发之于毛"。故而通过太极拳的导引吐纳，自然而然地调节了经络气血，使之运行流畅无滞。这样可以减轻甚至消除经络气血盛衰不调、阻滞不畅等状况，长期习练太极拳可使气由经络至经筋、至皮部，由里及表、由表至里，"无微不至"。久而久之，可改善人体微循环和脏腑之间的联系，加快人体新陈代谢，从而达到身体健康的目的。

四、气血学说相通

中医学认为气、血是构成人体的基本物质，是人体脏腑、经络、组织器官活动的物质基础。气为血之帅，血为气之母，气血的调和与通畅是人体健康的关键。血气流通不仅是中医学历来最为重视的理论之一，而且也被运用于太极拳拳理当中。陈鑫在《陈氏太极拳图说·太极拳权谱》中讲到："中气，即太和之元气，不偏不倚，无过无不及。"他认为气呈"周天"性的规律运行变化，这种营运变化规律可以使气血更加流畅，更加充盈，从而以气养体，以气卫体。他在谈到意与气、气与力的关系时说："……清心寡欲，培其本原，以养元气。身体强壮，打拳自胜人一筹。"他认为在练拳时要心神合一，排除一切杂念，以心志的活动来调动气的运行。通过习练太极拳可以使人体内各种对立因素达到阴阳中和的状态，使人的气血得以坚固，达到祛病强体、延年益寿的效果。

第四节　太极拳在继承发展中已成为身心健康的系统工程

太极拳作为中华优秀传统文化的瑰宝，从明末清初 300 多年来，已发展成为一项世界性的健身运动。2020 年 12 月 17 日太极拳成功入选联合国教科文组织人类非物质文化遗产名录，其影响力已遍及全世界，据不完全统计，太极拳已在 150 多个国家和地区传播，世界上有大约 4 亿多人在打太极拳。太极拳为什么受到这么多人的喜欢？因为太极拳不同于其他运动，它是基于人体生命科学的基础，以功法修炼和文化修养为主体，通过调节意念、肢体、呼吸等方式，融合导引学、心理学、康复学、中医养生学等相关知识来调动人体自主调节和自愈功能，激发自身潜能，促进身心健康的一项系统工程。

太极拳的科学健身作用和功能逐渐在实践中得到社会的认可，其原因就在于太极拳不但有健身养生功能，而且还有一定的治疗康复的作用。太极拳作为临床治疗干预措施最早出现在 1958 年的一项病例系列研究的报告中，该研究探讨了太极拳治疗肺结核的疗效，显示了太极拳对呼吸系统的有利作用（王登超《太极拳在肺结核医疗上的应用》，见于《中国防痨》1958 年第 5 期）。自此以后，国内外医学领域内涌现出大量的太极拳临床研究。进入 21 世纪以来，随着太极拳运动的广泛开展，太极拳出色的健身康体功能，受到进行太极拳运动人群的普遍认可与称道。同时，太极拳对人体身心健康的促进作用也得到了高等院校的积极认可，并且吸引了许多国内外高校科研团队逐渐关注并参与太极拳健身机制方面的相关研究。

其中，1986 年 12 月在四川成都举办的首届太极拳名家研讨会上，成都体育学院、四川省体育科学研究所等科研单位联合对我的恩师陈正雷先生和陈小旺老师进行了脑电图、心电图、肌电图测试，通过测试证明太极拳运动时的运动量和运动强度都很大，但恢复正常状态比其他运动都快。从运动健身角度来讲，激烈运动后，能迅速让人心情放松，肌肉松弛下来，可快速缓解大脑的疲劳，让人的精力更充沛。

另外，国外的高等院校和科研团队也非常重视太极拳的健身作用。其中，美国加州大学尔湾分校的终身教授林欣博士，对陈正雷先生进行了 20 多年的跟踪测试和研究，证明通过习练太极拳，的确可以对人体有实质性、可以量测的生理及生物改善，表现在习练太极拳可以促进血液循环，而且有效地调节自主神经系统（图 1-4-1）。林欣教授还通过其他相关的实验证实了练习太极拳有如下作用：

降低血压；降低糖尿病病人血清中的葡萄糖；让身体发出微量直接电场，刺激细胞生长；增加脑啡呔、强啡呔的分泌，让人放松身心，减轻压力，缓解焦虑、失眠、抑郁症状（图1-4-2）。2017年3月6日晚，林欣教授在美国加州橙县音乐舞蹈中心介绍了其20多年来研究太极拳的成果（图1-4-3）。

图1-4-1　林欣教授和陈正雷先生利用仪器研究太极拳

（图源自 https://mindbodylab.bio.uci.edu）

图 1-4-2　林欣教授在 2019 年陈正雷"太极之光"拉斯维加斯夏令营介绍其研究太极拳的成果

图 1-4-3　林欣教授在加州橙县音乐舞蹈中心介绍其研究成果

　　另外，据不完全统计，国内外有关刊物将太极拳作为临床治病干预措施的研究主要在以下方面：改善高血压、腰肌劳损、心肺功能，提高平衡力、下肢肌力，促进心理健康、骨健康、骨代谢、细胞活性，脑卒中、慢性阻塞性肺疾病、帕金森等的康复治疗。从目前不完全统计和掌握的数据来看，太极拳用于慢性病治疗和康复涉及多个疾病系统和多种疾病类型，主要集中在循环系统和骨骼、肌肉及结缔组织系统。其中疾病类型包括高血压、糖尿病、骨关节炎、骨质疏松或骨质缺少症、乳腺癌、心力衰竭、慢性阻塞性肺疾病、冠心病、精神分裂症、抑郁症等（见表1-4-1）。研究显示，太极拳在养生健身、辅助治疗和促进康复等方面有显著效果。

表 1-4-1　太极拳临床研究中前 20 位的疾病 / 症状类型（$n=507$）

疾病 / 症状	临床研究类型（研究书目）					总计（%）
	SR*	RCT	CCS	CS	CR	
高血压	6	10	7	9	0	32（6.3）
糖尿病	2	14	5	7	0	28（5.5）
骨关节炎	10	8	2	2	0	22（4.3）
骨质疏松或骨质缺少症	2	14	0	1	0	17（3.4）
乳腺癌	5	9	1	0	0	15（3.0）
心力衰竭	0	9	5	1	0	15（3.0）
慢性阻塞性肺疾病	1	8	4	1	0	14（2.8）
冠心病	3	4	4	1	0	12（2.4）
精神分裂症	1	7	2	0	0	10（2.0）
抑郁症	3	4	1	0	0	8（1.6）
风湿性关节炎	4	1	2	1	0	8（1.6）
腰椎间盘突出	0	2	1	5	0	8（1.6）
帕金森病	1	4	0	1	2	8（1.6）
脑卒中	2	5	1	0	0	8（1.6）
纤维肌痛	1	3	0	3	0	7（1.4）
急性心肌梗死	0	5	0	0	0	5（1.0）
失眠	0	4	0	1	0	5（1.0）
肥胖	1	4	0	1	0	5（1.0）
艾滋病	3	2	0	0	0	5（1.0）
肠易激综合征	1	4	0	0	0	5（1.0）

注：SR，系统综述；RCT，随机对照试验；CCS，非随机临床对照试验；CS，病例系列；
　　CR，个案报告。* 表示有的系统综述中包括 1 种以上的疾病类型。

资料来源：杨国彦《太极拳临床研究的证据现状及其干预措施报告规范建议》，硕士学位论文，
　　北京中医药大学，2014.

第五节　陈式太极拳在未来广泛应用于慢性病的康复治疗

随着生活方式的不断转变，人们的身体、心理、社交各层面都出现了健康的"无序化"。大量的中外研究成果无不显示，以太极拳为干预手段，促进各类人群的健康呈现"有序化"状态，已成为医学界及众多研究部门所关注的"热点"。

国际上，太极拳在医疗康复方面的作用已受到多个国际医学研究机构、众多世界顶尖名校研究团队的重视。美国对太极拳研究的项目较明确，已走上体医融合的路径，从医学的角度看待太极拳运动，通过探索太极拳对疾病的干预作用来分析太极拳的医用价值。如美国的俄勒冈研究院、哈佛大学、威拉姆特大学、加州大学尔湾分校等，都对太极拳进行了多年的研究和应用实践。日本、澳大利亚、韩国、瑞士等国在太极拳用于慢性病康复和医疗方面都进行了长期研究和实践应用。

在国内，随着人口老龄化的到来，庞大的人口基数和需求，现有公共资源及健康养老资源的短缺，更需要加速加大太极拳在养生健身、辅助治疗和促进慢性病康复方面的研究和实践应用。

随着"健康中国"等一系列国家战略的实施，国家相关政策制度的引领，太极拳"六进工程"（即太极拳进机关、进企业、进学校、进社区、进农村、进军营）正在进行。

2020年12月17日太极拳世界申遗已成功，大大加强了太极拳的影响力度和热度，会有越来越多的社会资本投入太极拳大健康产业，将给太极拳的研究开发提供更多的资金保障。

另外，随着日益加快的生活节奏所带来的身心压力，正在推动着越来越多的年轻人加入太极拳的习练队伍。太极拳对人体身心健康的促进作用受到越来越多高等院校师生的认可，将会吸引更多的高校科研团队、医院研究机构逐渐关注太极拳健身机制方面的相关研究，开拓太极拳康养应用新领域，为推动太极拳在康养医疗方面的实践起到一定的促进作用。相信在未来，太极拳将成为人类强身健体的首选运动之一，也将成为治疗慢性病的首选运动处方之一。

第二章

陈式太极拳在健身养生、防病治病方面的作用

独具特色的太极拳运动早已成为大众预防和控制非传染性疾病的选项之一，很多体育工作者、医学家、科学家对太极拳进行了原理性的研究，从传统的养生、中医学和现代医学等方面都得到了论证。实际上太极拳在防病治病方面的显著效果是通过众多的太极拳习练者在长期的太极拳实践活动中得以验证的。无数的太极拳爱好者长年进行太极拳运动，与非习练者相比，前者健康状况明显优于后者。很多慢性疾病患者长期坚持太极拳练习后，病症在不知不觉之中减轻甚至消失了，身体由弱变强了。太极拳在医疗康复方面的作用已受到国内外的普遍关注，在很多国家，太极拳已进入医院、社区、高校、企业等，得到广泛认可。

建立在中国传统养生医学思想基础上、广受传统哲学思想影响的太极拳健身体系，广泛汲取了传统中医养生理论和传统健身方法。太极拳健身养生、防病治病的作用和功能逐渐在实践中得到社会大众的认可，其原因就是实践功效特别突出。本人习练陈式太极拳几十年，从事陈式太极拳教学二十多年，找我学太极拳的学员 80% 以上都是身体状况出现问题的，轻者是亚健康人群，重者身患多种慢性疾病。学员们把太极拳作为临床治疗的辅助干预措施，多年实践证明，太极拳在健身养生、防病治病方面效果明显。

一、提高人体免疫力

【太极拳防治疾病机理】

中医理论认为，人体正常的生命活动都是阴阳对立统一的，只有阴阳处于相对平衡状态才能保持正常，而疾病发生的根本原因就是机体的阴阳相对平衡遭到破坏，出现阴阳失调，脏腑功能失衡，以致气滞血瘀，聚痰蕴毒，日积月累从而引发疾病。

陈式太极拳就是在符合阴阳对立统一的基础上创造出的刚柔相济、内外相合、上下相通、快慢相间、形意相合、顺逆缠丝等阴阳相合的一种拳术。太极拳的习练过程就是人体周身上下内外寻找阴阳平衡的过程。

中医经典《黄帝内经》记载"正气存内，邪不可干"，可见中医学很早就认识到人体的自然免疫力是"正气"，这种正气包括免疫防御功能和卫外功能。与正气相对的是邪气，是指那些破坏机体内部、机体与外界环境间的相对平衡的各种有害因素。

陈式太极拳是内家拳，讲究以意导气，以气运身，内气不动，外形寂然不动，内气一动，外形随气而动。这个"内气"，就是"正气""内劲"。培养正气是习练太极拳的目的。

任何疾病的过程都可以理解为邪正相争，阴阳失调的结果。中医治疗措施就是要扶助正气、驱逐邪气，从而间接达到消除病源和病灶的目的。

陈式太极拳的精华所在就是螺旋缠绕的运动方式，螺旋缠绕就是陈式太极拳的缠丝劲。练陈式太极拳的缠丝劲就是引导内气在体内循环经络沿曲线旋转，引气血周流，促进气血循环，加速人体的新陈代谢，起到协调脏腑经络与气血津液，防止痰湿、气滞血瘀形成的作用，久而久之，就培养了"正气""内劲"，增强了人体免疫能力和技击能力。

陈式太极拳培养内在"正气"的过程，与中医治疗疾病的"扶正""祛邪"两大法则是相通的。

太极拳防治疾病的切入点与中医是相通的。中医不是对疾病本身进行治疗，而是通过调节机体自身免疫系统，提高自身抗病能力而治病。作为一种辅助疗法，太极拳锻炼是一种整体疗法，不是对病而治病，而是以改善人体整体功能状态、提高人体素质为目标的锻炼方法。

综上几点，可以说，打太极拳是提高人体免疫力的有效办法。

【太极拳练习功法】

①陈式抻筋拔骨术　　②陈式缠丝功法　　③陈式采气功法
④陈式放松功法　　⑤陈式二十六式养生功法

【案例】

案例一　江女士，52 岁，私企合伙人。

我与太极拳的缘分，说来就来了。对太极拳心心念念很多年，当在德奇太极馆遇见谢宗奇老师和刘籽君老师的那一刻，听完谢老师讲陈式太极拳如何教授、如何学习，我知道这就是我梦寐以求的老师，和陈式太极拳的缘就此结下了。刚开始学习时信心百倍，但在学的过程中才发现坚持不易。在谢老师的精心指导和刘老师的不断鼓励中我已学习两年多，在这个过程中我不断地收获喜悦。通过这两年多学习、练习太极拳，我的睡眠好了、心态平和了、精气神上来了，感觉做啥都信心十足。面色红润显年轻，精力旺盛干劲足。太极拳带给我的不只是身体上的变化，也让我真正体会到了太极拳文化的博大精深。

案例二　林女士，47 岁，自由职业者。

我与谢宗奇老师同住一个小区，多年前看到谢老师每天早上在小区练拳，很佩服他风雨无阻的毅力，也看得出他的拳很正宗，但是一直没有下定决心学习。直到 2020 年初的新冠肺炎疫情期间，小区解封后每天早晨仍能看到谢老师在楼下练拳，年近 60 岁的人了，还能把大刀舞动得虎虎生威，而且打了一个多小时根本就看不出来疲惫的样子，使我羡慕不已，这才下定决心跟随谢老师学习太极拳。一年多来，虽然我的出勤率不是很高，但也有挺多收获的：一是睡眠质量明显提升了，也很容易就入睡了；二是感觉气血明显充足了，也更有活力了；三是体力比之前更旺盛，不会再整天无精打采了。

二、疏通人体经络

【概述】

中医学是以气血及五脏理论为核心，以"整体观念""辨证论治"为特征，基于实践医疗经验的传统医学。中医学认为，经络是人体气血运行的通道，气血通过经络遍布全身，它沟通内外，联络肢体，营养周身，滋长生机。

经络是什么？是中医学的千古之谜，也是现代科学家热切关注、深入探讨，但还没有一个统一定论的"神秘之物"。但不可否认，经络是中医学理论的重要组成部分。人体有十二正经、奇经八脉共 20 条经脉。经络内通五脏六腑，外连四肢百骸、五官九窍，并借此行气血营养周身。

经络的生理作用包括：

（1）人体的脏腑器官都各自有独特的生理功能，只有通过经络的联系作用，这些功能才能达到相互配合、相互协调，使人体成为有机的整体。

（2）气血是人体生命活动的物质基础，必须通过经络才能输布全身，维持机体的正常生理功能。

（3）人体的生理和病理变化都是通过经络感应传导而反映于体表的。

（4）经络每时每刻都在调节着脏腑器官的功能活动，使之保持协调、平衡。

总之，无论是针灸、推拿还是药物治疗，中医学都是通过调整经络气血功能活动进而调节脏腑功能，达到治疗疾病的目的。所以疏通经络十分重要。

【太极拳防治疾病机理】

练陈式太极拳可疏通人体经络，这是练拳时的要求所决定的。

1. 心静体松　练太极拳时要求"松"，目的是通过全身内外放松，解放人体因紧张收缩对经络的挤压性束缚，从而疏通经络，引动内气渗透到四肢百骸，循环不已，起到强身健体的作用。

2. 缠绕运动　缠丝劲是陈式太极拳的一种表现形式，它能引导气血周流，就是引导内气在人体内循环经络沿曲线旋转，促进气血循环，加速人体新陈代谢，疏通人体精气、正气和元气。让循环系统时时保持正常状态，减少或避免疾病的产生，达到养生保健的目的。

3. 整体运动　太极拳行拳走架时一动无有不动，让人体每一骨节、每一肌肉、每一内脏都要动，通过螺旋缠绕、内外相合、立体交错的相应触动和摩擦，从而疏通经络，引动内气，减少疾病，延长寿命。

4. 练意和练气　太极拳讲究练意和练气，主张意念引导内气，气行经络，刺激穴位，使经络保持畅通。

5. 动作舒缓　太极拳动作舒缓，对经络有独特的顺应性疏导作用。

中医学认为，人体健康则精气神旺盛，气血平衡即无病，气血失调而产生疾病。"通则不痛"，"不通则痛"，人体经络顺畅，则血脉流动无碍。

【太极拳练习功法】

①陈式混元桩功法　　②陈式缠丝功法
③陈式六首四象功法　　④陈式二十六式养生功法

【案例】

◈廖女士，52岁，企业高管。

我自小体弱多病，不爱运动，由于职业的原因需要长期久坐使用电脑，日积月累，身体很多地方都出现了隐患，长年失眠导致头痛、焦虑，还有腰椎间盘突出等亚健康症状。由于久坐姿势不正确，出现臀肌和梨状肌损伤且疼痛放射到坐骨神经，造成一定范围内的行动不便。虽疼痛但一直找不出病因，经常奔走各大医院做CT、磁共振、X线进行排查，各医院的医生各有各的说法，都无法确诊给予解决方案。长年使用电脑屈肘工作，导致右手肘关节损伤，医生诊断为网球肘，做过小针刀手术，打过封闭针止痛，均无法根治，严重时连筷子都拿不稳，为此当时还学会使用左手书写、切菜和用鼠标。

1. 结缘太极　多年前机缘巧合，偶遇谢宗奇老师在小区湖边一招一式耐心指点别人练习太极拳。由于学过几招几式，我便常常驻足围观，经常因欣赏谢老师轻灵圆活、松柔慢匀、柔中带刚、刚柔并进的太极拳而流连忘返。出于对中国传统文化的敬仰，对谢宗奇老师的敬佩，还有自身的需要，终有一天，我从驻足围观的群众，转变成为谢宗奇老师的太极拳学生，且很荣幸，2019 年 3 月 16 日，正式拜谢宗奇老师为师，成为陈式太极拳的第十三代传人。通过自己的努力，考取了陈正雷太极拳体系"初教高级教练员"证书，成为学习、传承、传播太极拳的其中一员。

2. 拳艺学习　经过多年的坚持，在谢宗奇老师的悉心言传身授下，我学会了：①陈式抻筋拔骨术；②陈式缠丝功法；③陈式五种步法、太极八法；④陈式六手四象功法；⑤陈式太极拳精要十八式；⑥陈式太极拳老架一路；⑦陈式太极拳老架二路；⑧陈式太极单剑；⑨陈式太极单刀；⑩太极云水扇。

3. 学拳收获　自从开启了太极拳之旅，通过持之以恒的锻炼，我的身心在不知不觉中发生了变化，无论是精气神还是体质都得到了改善。冬天手脚不再冰冷，不再失眠，容易入睡，身体疼痛的症状也在逐渐缓解，网球肘早在不知不觉中消失。腰椎间盘突出、梨状肌损伤疼痛症（特别是梨状肌损伤疼痛放射到坐骨神经，症状是屁股痛，由于羞于启齿，多年来都是默默忍受着），经习练太极拳后，原来的痛症虽然没有加重，但也没有根治，直到 2020 年 12 月，通过朋友介绍，带着厚厚一沓各医院就诊时所做的检查结果到中山医科大学第一附属医院康复科求诊，康复科主任王楚怀教授给出的结论是"腰椎间盘突出症、臀肌损伤尤其是梨状肌损伤"，建议我到该院（院址在广州）住院进行康复治疗，基于疫情防控及异地就医工作、生活诸多不便考虑，我放弃了在中山一院住院的建议。我回到深圳后，谢宗奇老师根据我的病症，日常在习练其他太极拳套路的基础上，针对性地为我增加了太极拳康复运动处方：一是站桩。每天坚持早中晚三次各 15 分钟以内的站桩，通过站桩放松肢体，凝神固志，刺激人体经络，使经络畅通。二是习练缠丝功法。缠丝功法的运动方式是陈式太极拳的重要特点，也是陈式太极拳的精华，旋踝转膝、旋胯转腰、旋腕转肩及胸腰折叠，全身无处不螺旋缠绕，通过内外相合、立体交错、相应触动和摩擦来疏通经络、引动内气，从而舒筋活血，通经活络，使受损的脊椎和肌腱、韧带在运动中恢复弹性。每天坚持练习，我的症状慢慢在缓解，由原来的牵扯剧痛运动受限，现在已经转变为活动自如的酸楚轻微痛，相信不久的将来，通过持之以恒地练习该太极拳运动处方，症状终究会消失。

在没有学习太极拳之前，身体的隐患已经严重影响了我的工作和生活，为了纠正和改变，我曾经尝试过理疗如按摩、跑步、跳舞、瑜伽等，但受时间、场地的限制都没有坚持下来，更谈不上收获。幸遇太极拳，在谢宗奇老师的悉心言传身授下，在自己的坚持与努力下，身心都发生了明显的变化，最明显的是已经持续多年不感冒，或轻微着凉也不用吃药扛几天就自愈了，这与我之前因体弱经常就医、医保卡长年没余额，感冒像吃饭一样频繁的生活状态简直是天壤之别。

三、控制血糖，改善糖尿病病症

【概述】

糖尿病是现代疾病中严重危害人类健康的一大杀手，对人体的危害仅次于肿瘤和心脑血管疾病。糖尿病本身并不可怕，可怕的是它的并发症带来的危害。然而，目前世界上还没有根治糖尿病的特效药。近十几年来，不少人通过习练太极拳来改善糖尿病病症，取得了一定的效果。

【太极拳防治疾病机理】

太极拳运动为何能够改善糖尿病呢？这是由太极拳运动的特点和独特方法决定的，并通过一系列手段来实现。

（1）太极拳整体运动可改善人体免疫系统。人们通过太极拳放松、柔和、缓慢的练习方法，去僵求柔，从而疏通经络，引动内气，使内气与外形有机地结合起来，以意行气，以气运身，逐步将内气充实、壮大、饱满，渗透到四肢百骸，循环不已，增强人体正气、元气，改善人体的免疫系统，使其恢复到正常的生理状态。

（2）太极拳的刚柔相济、以意导气、以气运身、气到劲到、以柔为主、周身放松、上下相随、节节贯通等行拳特点，使人体肌肉有规律地舒张收缩，可加速完成吸收转运葡萄糖的功能。

（3）太极拳的意识、呼吸、动作三者密切结合，在行拳走架时，身心高度放松，呼吸深、匀、慢、细长，动作缓慢、非圆即弧等，这些要求和特点都能够有效提高胰岛素敏感性，降低血糖。

（4）太极拳不仅仅调形，更重要的还是调息、调心运动。在行拳走架中，习练者清静用意，精神高度集中，使大脑皮质兴奋与抑制的平衡性得到加强，提高了大脑皮质与各功能区的联系，而高血压与糖尿病同属大脑皮质内脏性疾病，中枢神经平衡性的改善使血压降低，同时也影响到糖、蛋白质及脂肪代谢，使血糖得以降低。

【太极拳练习功法】

①陈式抻筋拔骨术　　②陈式混元桩功法

③陈式缠丝功法　　　④陈式二十六式养生功法

【案例】

李先生，53岁，从事金融工作近30年。

2015年单位体检时我查出患了糖尿病，由于工作压力大，加上不良的生活和饮食习惯，很长一段时间我的餐后血糖经常维持在20毫摩/升以上，有时餐前高达15毫摩/升以上，三年间我几次住院治疗，效果都不太好，住院期间因饮食受限及短期内针对性持续用药，血糖有所控制，但出院恢复正常生活和工作后，血糖指标仍然居高不下。我看过中医，也尝试过民间的偏方，只要听说哪儿有降血糖的方法我都愿意尝试，效果仍然不尽如人意。

2019年我听朋友说打太极拳可以控制血糖，我抱着试一试的心态找到了谢宗奇老师，开始跟他学习陈式太极拳。

我是奔着治病的心态来学太极拳的，谢宗奇老师根据我个人的身体情况，给我制定了一套陈式太极拳康复功法，主要有陈式混元桩功法、陈式缠丝功法、陈式二十六式养生功法等。

我是2019年7月正式开始学习陈式太极拳的。刚开始练习时，谢老师告诉我要先从"站桩"开始，每天保证完成两次站桩，每次在20分钟以内。他告诉我，通过站桩可以让人专注、心静、放松，可以充分调节人体中枢神经系统，使大脑皮质兴奋与抑制的平衡性得到加强，对控制血糖有很好的作用。我半信半疑，毕竟每天站桩两次，比吃药和控制饮食简单多了，于是我就按照谢老师的要求每天早上和晚上分别站一次桩，每次均能坚持10~20分钟。通过两个多月的站桩练习，我感觉我的性格变得不再那么急躁了，血糖也趋于平稳状态。看到我的变化，谢宗奇老师开始教我练习陈式太极拳缠丝功法。陈式太极拳缠丝功法是陈式太极拳独有的功法，就是通过螺旋缠绕的运动方式，从而疏通经络，顺畅气血，培养人体元气、正气，增强自身免疫功能，起到改善糖尿病病症的作用。练习了几个月后，我的血糖已基本保持在稳定介乎于正常状态，医生看了我的血糖检查指标，让我尝试着把降糖药减半。

随后谢宗奇老师教我陈式太极拳传统老架一路，通过一年多持续性的练习，运动量的加大，拳艺套路的积累，自我感觉身体越来越强壮，精神也好了起来，血糖基本上都能平稳控制在正常范围内。在医生的指导下，降血糖药物用量已经减少了80%，饮食上原来有很多避忌，甚至很多含糖分的食物不敢吃、不敢碰，而现在只需要有所控制就可以了。这种收获让我欣喜，也大大提高了我和身边亲朋好友的生活品质。

四、预防和治疗高血压

【概述】

高血压是心脑血管疾病的元凶，是临床常见病，严重危害人类身心健康。高血压是一种慢性病，发病原因主要有遗传因素、饮食不当，以及长期处于精神紧张、焦虑、压抑状态等。患上高血压病后，大多数人会伴随终身，一旦血压得不到控制会引发多种并发症，对身体会产生一系列不良影响。目前临床中对高血压的治疗主要是药物降压，21世纪以来国内外一些高校和相关研究机构将太极拳作为临床治疗干预措施运用于治疗高血压病，通过实践验证效果明显。

【太极拳防治疾病机理】

（1）情绪紧张状态是导致原发性高血压的病因之一。练太极拳时首先对身心的要求是"松"，心情放松、周身全部放松，让习练者气定神闲。以意导气、以气运身、意到气到、气到形到，整个练拳的过程以柔为主、不用僵力、连绵不断、节节贯通，保持人体内外的完整统一。这是一种自我意念控制的过程，可让紧张的神经松弛下来，提高中枢神经系统的调节功能，使内分泌失调与自主神经功能的失衡得到调整。保持情绪的稳定，有助于减轻或消除心神恍惚、大喜、大悲、大怒等刺激反应引发的血压大幅度波动。

（2）练太极拳的过程也是改善神经系统的抑制过程。大脑中枢神经在"松""静"的要求下，下意识地习练动作，大脑处于保护抑制状态，交感神经活性降低，使血液中的去甲肾上腺素、肾上腺素等引起血管舒张的活性物质升高，在全身肌肉放松引起血管壁反射性地放松的协同下，最大限度地使毛细血管扩张，微循环增强，从而降低了血管总外周阻力，致使血压下降。

（3）太极拳螺旋缠绕特点，可引导气血周流，促进气血循环，疏通经络，平和阴阳，发挥其"抑亢助虚"的双向调节效应，利于血压保持正常稳定状态。

（4）太极拳的运动是一动无有不动，从内气的畅通到外形的变化，从五脏六腑到四肢百骸，都寓于"动"之中。这种动可让全身肌肉纤维反复收缩、舒张，对自身的血管平滑肌起到自然"按摩"作用，促使血管有节奏地收缩和舒张，逐渐减缓、消除胆固醇在血管壁的沉积，改善动脉血管壁粥样硬化病变，从而促使血流畅通，血压稳定。

（5）打太极拳可减肥减脂，预防高血压。太极拳运动是最好的有氧代谢运动之一，习拳时全身上下内外一动无有不动，以腰为轴，节节贯通，一套拳下来，大汗淋漓而不气喘，促使呼吸加深，促进胃肠蠕动加快。以腰为轴，使腰部来回不停地运动，带动膈肌和腹肌的运动，促使内脏不停地得到"按摩"。这些独特的运动可使血液及淋巴液加速循环，加强人体新陈代谢，从而使减肥过程中分解液化的脂肪成分，通过汗腺、呼吸、排便等排出体外，达到减肥效果，防止肥胖引起高血压症。

（6）太极拳对心理的调节，能防止和治疗高血压。练太极拳强调松、静、自然，以意识指导动作，要求"意到身随，内外相合，身心皆修"，使人处于无忧无虑、无我无他的怡闲境地。练太极拳要求立身中正、形神一致，动作匀速缓慢、连绵不断、动中有静、静中有动、虚实结合、刚柔相济，故久练可改善急躁、易怒、焦虑、多疑的状态，使人变得稳健、豁达、沉静、随和、乐观。所以，练太极拳追求的是情绪稳定，心态平和，获得心理平衡。这样可以缓解精神压力，放松身心，起到降低血压的作用。

【太极拳练习功法】

①陈式混元桩功法　　②陈式缠丝功法　　③陈式放松功法

④陈式采气功法　　⑤陈式二十六式养生功法

【案例】

💮蔡先生，54 岁，自营建材生意。

因前些年忙于生意，我身体上出现了较大问题：颈椎、腰椎酸痛僵硬，精神很差，白天经常打哈欠。到医院检查，毛病一大堆：高血压、脂肪肝、高血脂、高胆固醇等，遵医嘱吃药并每天跑步锻炼身体，但症状依然未见好转。后经朋友推荐练习太极拳，慕名找到了谢宗奇老师，于 2016 年 10 月 18 日开始学习陈式太极拳。经过一段时间的学习，身体的症状明显得到改善，两年后到医院检查，在没有吃任何药物的情况下，血压正常了，脂肪肝不见了，血液的各项指标也全部正常了。2019 年 3 月 16 日，我正式拜谢宗奇老师为师，成为陈式太极拳的第十三代传人。为了更好地学习、交流、传播太极拳，我已取得了陈正雷太极拳体系"初教高级教练员"证书，在 2019 年三亚举办的第四届世界太极文化旅游节上，获得了陈式太极拳自选套路一等奖、单刀二等奖、单剑三等奖。

五、改善焦虑症、失眠症、抑郁症

【概述】

焦虑症、失眠症、抑郁症属于精神类疾病，多因精神压力过大导致，目前临床主要采用服抗焦虑、抗抑郁药物进行治疗。通过太极拳运动来调节身心状态，缓解心情，释放压力，缓解症状，是有效的手段之一。

【太极拳防治疾病机理】

打太极拳时要求全神贯注，用意不用力，用意识引导动作，意识与动作融为一体，要领会和体现出动作形象所包含的神韵，有效训练人的注意力，让精神从急躁、浮躁、散乱之中解脱出来，转变为耐心、凝聚、凝神、专心，对防治焦虑症起到积极的作用。

练拳时要求全身放松，首先是心的放松、大脑的放松。行拳走架中人的注意力被吸引到锻炼中去，用意念引导内气，引导动作，用轻松愉悦的形象思维排除各种杂念，消除精神上的疲劳和紧张，实现了动中有静，锻炼了大脑各种神经功能，从而减轻抑郁症症状。

美国加州大学生物科学家林欣教授研究证明，练习太极拳，可以增加脑啡肽、强啡肽的分泌，让人的身心处于轻松愉悦的状态中，免疫系统功能得以强化，能让人顺利入睡，缓解或消除失眠症状。

【太极拳练习功法】

　　①陈式混元桩功法　　　②陈式放松功法　　　　③陈式采气功法

　　④陈式六首四象功法　　⑤陈式二十六式养生功法

【案例】

　　陈女士，54岁，自营建材生意，上页蔡先生的太太。

　　我前些年身体出现了较大问题，主要是睡眠质量差，每晚都要靠安眠药才能入睡，且中间还要起夜。与爱人一起跟随谢宗奇老师练习太极拳后，症状很快得到改善。晚上不用吃安眠药就能很快入睡，且中间不起夜，白天的精神状态也很好，再也不无精打采了。从练习太极拳中获益后，我与爱人一起正式拜谢宗奇老师为师，成为陈式太极拳第十三代传人，并已取得了陈正雷太极拳体系"初教中级教练员"证书。

六、对脊椎疾病的防治和康复作用

【概述】

　　骨科临床中两种疾病最常见：一是颈椎病，二是腰椎间盘突出，这些都是脊椎方面的疾病。传统治疗方法为理疗（如牵引、手法按摩）、手术治疗等。这些治疗方法容易忽视脊椎周围韧带及肌腱的调理。练习陈式太极拳可作为辅助治疗手段之一。

【太极拳防治疾病机理】

　　1.习练陈式太极拳时对各部位的要求　在头正身直、含胸合腹、松胯屈膝、沉肩坠肘、圆裆、两脚虚抓地等要求下，使人体始终处于一种放松的状态，颈部放松，腰椎微后突，符合人体自然状态下的一个生理曲度，让腰的神经和肌肉得到良好的刺激。对一些受损的肌腱和韧带小关节起到保养的作用，使其逐渐恢复弹性。

　　2.陈式太极拳的独特风格特点　缠丝劲的运动方式是陈式太极拳的重要特点，也是陈式太极拳的精华。它是结合内气运行的，并贯穿整个习拳的过程。旋踝转膝，旋胯转腰，旋腕转肩，以及胸腰折叠，全身无处不螺旋，这种独特的运动方式，可以舒筋活血，通经活络，使受损的脊椎和肌腱、韧带在运动中逐渐恢复弹性。

　　3.陈式太极拳"腰不动四肢不动"的运动规律　陈式太极拳习练时讲究以腰为轴，腰不动，四肢不动。松胯转腰，肩胯相对，旋胯拧膀，久练则增强了颈背腰部肌肉力量，促使脊柱周边肌腱和韧带增粗。人体脊柱的功能状态很大程度上取决于肌肉和韧带的功能状态，肌腱和韧带的功能加强了，也就加大了脊柱的稳固性，对脊柱的保护治疗和康复起到很大作用。

【太极拳练习功法】

①陈式混元桩功法　　②陈式缠丝功法

③陈式放松功法　　④陈式二十六式养生功法

【案例】

董先生，53 岁，公务员。

我不到 40 岁就患有高血压，随着年龄的增长及体重的增加，又逐渐出现了脂肪肝、高血脂、高尿酸等，其间一直坚持体育运动，如乒乓球、游泳、羽毛球、跑步、爬山等，但均未能使症状有所缓解，且又出现了颈肩酸痛、腰椎间盘突出等。2016 年底开始跟随谢宗奇老师学习陈式太极拳，经过两个多月的太极桩功及缠丝劲的练习，在不知不觉间颈肩及腰椎的症状消失了，更加坚定了我练习太极拳的决心，每天的出勤率和运动时长在拳友中都是比较靠前的。经过约两年的时间，在没改变饮食习惯的情况下，血压恢复正常，重度脂肪肝也好了，尿酸不高了，啤酒肚也不见了。2019 年 3 月 16 日，我正式拜谢宗奇老师为师，成为陈式太极拳的第十三代传人。目前已跟随师父学习了陈式太极拳老架一路、二路拳法及太极单刀、单剑，已取得了陈正雷太极拳体系"初教高级教练员"证书。

七、防治、缓解呼吸系统疾病

【概述】

呼吸的强弱、快慢、长短，展现着一个人的身体健康程度。人类从学走路起就形成胸式呼吸为主的呼吸方式，胸式呼吸时，只有肺的上半部肺泡在工作，而中下肺叶的肺泡在"休息"，这种呼吸使得中下肺叶得不到锻炼，长期如此，易患呼吸道疾病。而腹式呼吸通过腹肌的上下起伏，可以刺激腹部的相关穴位，疏通人体内的经络，还可顺畅气血，达到改善五脏六腑功能的效果。

【太极拳防治疾病机理】

太极拳运动有开、合、虚、实与呼吸结合的要求，吸为合为蓄，呼为开为发，一开一合即一呼一吸。这种动作与呼吸的配合符合人体运动的生理规律，有助于强健肺腑器官，保持胸部正常的活动幅度和肺的弹性，能有效地放松紧张的呼吸方式，改善肺通气量，提高肺泡张开率，减缓肺泡老化，改善和发展肺腑的代偿功能。

腹式呼吸深而长，吸进大气中的氧气较多，呼吸时腹肌来回起伏，横膈膜上下运动，腹部大动脉受压，使更多的血液回流心脏，促进血液循环。腹式呼吸不仅弥补了胸式呼吸的缺陷，而且可使中下肺叶的肺泡在换气中得到锻炼，延缓老化，保持良好弹性，防止肺的纤维化。

练陈式太极拳是在保持呼吸自然的状态下，要求气沉丹田，即呼吸之气进入人体后就要向下沉，逐步锻炼成深、长、细、缓、匀的腹式呼吸方法。陈式传统太极拳套路习练一遍要十几分钟，连续打两到三遍要几十分钟，在柔和缓慢的有氧运动中，随着呼吸的次数递增，确保了人体内气体充分交换，相对地提高了各器官的获氧量。另外，通过横膈肌的升降运动，使呼吸逐渐变得细、匀、深、长，促进胸廓开合，使胸部的呼吸顺畅。这种呼吸方式对增强肺部组织的弹性和锻炼呼吸肌都有良好的作用，提高了人体心肺功能，有效地防治和缓解气管炎、慢性支气管炎、慢性非活动性肺结核等疾病。

【太极拳练习功法】

　　①陈式采气功法　　②陈式抓气功法

　　③陈式放松功法　　④陈式二十六式养生功法

【案例】

潘先生，企业家，注册会计师。

　　2018年我有幸认识深圳德奇太极谢宗奇老师，开始接触和练习陈式太极拳，并于2019年3月16日拜谢老师为师，行师徒之礼。经谢老师精心讲解，细致指导，我先后学习了关节操、陈式太极缠丝劲、陈式太极拳精要十八式和陈式太极拳老架一路。学拳前后，我感觉身心都发生了一些明显的变化。

　　（1）我在学拳前长期存在早晨醒来双手指尖麻木的现象，虽然经过握拳等动作练习，短时间内麻木感消失，但该现象存在多年。现在指尖麻木的现象已经不知不觉消失，近一年不再出现了，我想跟练拳运动应有直接关系。

　　（2）肩周炎在锻炼过程中消失。2018年，在学拳之前我有较严重的肩周炎，每每坐飞机、高铁取放高处物件时则肩部剧痛。练拳半年后，我的肩周炎减轻了，一年左右症状基本消失。

　　（3）免疫力增强，身体的自我修复力明显提升。我有20多年的过敏性鼻炎，对室内外温差的变化很敏感，特别是夏天，室内外温差大，鼻炎经常发作，喷嚏连连。因季节变化，也常会引起感冒，每次都要一周左右才能恢复。练习太极拳以后，明显感觉抵抗力有所提升，鼻炎的症状明显减轻。身体自我修复能力提高，偶尔有感冒症状，稍事休息调整一两天就恢复了，这是最明显的变化，也增强了我继续学习、练习太极拳的信心。

　　（4）急躁的性格有所改变。我是一个急性子，以前一遇到办事不顺畅，就会急躁，结果越急越乱。练拳后，自觉心气沉稳许多，不像从前容易生气、焦躁，遇事能沉着应对，平和沟通，办事反而更顺畅。

　　太极拳，还是要坚持、坚持，再坚持！

八、改善帕金森病患者的步态、平衡力

【概述】

帕金森病是一种中枢神经系统变性疾病，目前还没有有效药物可治愈。近十几年有不少研究机构把太极拳引入帕金森病的康复治疗，取得了较好效果。我本人在2017年也收了一位帕金森病患者跟我学习陈式太极拳，当时这位学员的症状表现不但有手脚不自主的静止性震颤，而且姿态步伐障碍明显，开步困难，慌张步态，走路前冲，前行不能走直线，走五米就要偏移一米左右，医院当时诊断为中度帕金森病。跟我学习陈式太极拳十几个月（一年半时间），他的帕金森病症基本消失，接着继续坚持学几个月，也就是学了两年后，身体恢复到患病前健康状态，还学会了开车，成了一名网约车司机。目前他仍坚持练习太极拳，身体状态很正常。

【太极拳防治疾病机理】

1.太极拳靠"意"行拳　习练太极拳时要清静用意，"意守丹田"，这是一种锻炼自我意念的控制方法，可有效改善神经系统的抑制过程。太极拳靠"意"行拳，可以增加自我意念的控制力。意动在先，运动在后，先有意念，再有肌肉的伸缩，经常反复进行这种训练，可有效控制肢体和末梢神经，从而抑制病情发展，达到康复治疗的效果。

2.太极拳螺旋缠绕的运气方法　中医认为疾病的发生是人体正气和病邪斗争的结果，帕金森病的病因主要是肝肾阴亏，筋脉失养。中医治疗就是扶助正气，驱逐邪气，间接起到清除病灶的作用。太极拳螺旋缠绕的运气方法，符合中医经络学说。从经络学上讲，经络是布满人体的气血通路，源于脏腑，流于肢体，脏腑经络的气血失和则生疾病，和则气血流畅而强身延年。从太极拳拳势上讲，太极拳螺旋缠绕，通过旋腰转脊，布于全身，通任、督两脉，上行旋腕转膀，下行旋踝转膝，达于四梢，一招一式，承上启下，一气呵成，促使人体气血通畅，正气饱满，刺激人体肌肉和末梢神经，达到辅助治疗的效果，使人康复。

3.太极拳运动是一种平衡运动　太极拳运动以意引气，以气运身，周身一致，内外统一。外形在内气的催动下，一动则周身全动，静则周身全静，动静开合，对立互有，相互转化衔接，连绵不断，循环往复，平衡统一，相辅相成。长期习练，对帕金森病患者的平衡力有很好的锻炼效果，同时也达到祛病强身、固本强元的目的。

【太极拳练习功法】

①陈式揎筋拔骨术　　②陈式混元桩功法　　③陈式缠丝功法
④陈式放松功法　　⑤陈式二十六式养生功法

【案例】

唐先生，52岁，自营餐饮店。

五年前我不知因为什么原因出现了手颤抖和腿颤抖的症状，到过很多医院也查不出原因。最后在广东省人民医院确诊为帕金森病。得了这病之后，全身都很僵硬、不灵活，每天跑步也起不了作用。偶然的机会在网上看到通过练习太极拳可能对症状有所缓解。有一天早上，我来到深圳宝安体育场，看到一大群人在练太极拳。其中有一个人的功夫很厉害，见他打了一两个小时的太极，又是拳，又是大刀、剑的，还又蹦又跳，居然都不累，而且还越打越有劲。等他打完了我过去了解，知道他是陈家沟"四大金刚"之一陈正雷的入室弟子谢宗奇老师后，我特别开心，因为遇到了正宗的太极拳传人，当场就决定跟随谢宗奇老师练习太极拳。学会了太极拳基本功与陈式太极拳精要十八式后，我感觉身体灵活多了，信心就更足了。之后在谢宗奇老师的鼓励下，我又学会了陈式太极拳老架一路。坚持练习了一段时间后，身体越来越好了，各方面都变灵活，手脚也不颤抖了，力气也大了。现在对太极拳越来越感兴趣了，谢宗奇老师见我灵活性好了，又开始带我学习太极剑，相信对我的身体有更好的帮助。

九、减轻骨骼疼痛

【概述】

人体是由骨借助关节相连成骨骼，构成人体支架。骨骼很大程度上决定了个人的体型、外貌，对健康也有很大的影响。人体长时间处于不正确的姿势（坐、立、行、走时），使得自身受力不均匀，那么骨骼的平衡就会被破坏，骨骼不平衡就会给人的体型、神经功能、关节活动造成影响。人体中枢神经位于颅骨和脊柱内，骨骼一旦不对称，容易导致脊柱歪曲，造成椎骨错位，神经的通道——椎间孔就会倾斜变窄，最终导致脊髓神经受压迫，出现下半身麻痹、疼痛等症状。另外，骨骼移位，还压迫神经纤维，久而久之，支配肌肉的神经被周围相邻的肌肉所挤压，还会出现髋关节、膝关节、肘关节、肩关节、颌关节等的疼痛，并引起腱鞘炎、腕管综合征等关节功能的障碍性疾病。

【太极拳防治疾病机理】

1. 太极拳是一种"塑形运动"　练太极拳时对周身各部位的要求，就是调整身法，因此太极拳也可以说是一种矫正骨骼的"塑形运动"。

（1）对头颈部要求：头正直，颈肌松弛，不前俯后仰、东倒西歪，生理上尽量呈自然状态。

（2）对躯干部要求：胸要含、要虚、要松，保持锁骨和肋骨呈松沉自然状态。背要舒展放松，随曲就伸，让脊柱保持一种生理状态。腰脊略向内收下沉，向下塌住劲，减小腰部的前曲度，避免在全身放松的情况下影响脊椎的正常生理状态，维持立身中正，使腰脊更好地起到"车轴"的作用。泛臀，让髋关节放松，骶骨支撑起上半身的重量，保持全身骨骼的平衡，起到保持良好姿势的作用。

另外，要求上肢"沉肩坠肘"、下肢"圆裆松胯"、屈膝等，都是为了使身体姿势处于中正安舒的自然状态。

以上对身法的要求，贯穿在整个习拳过程中，它们相互依存、相互联系、相互制约，任何一部分的姿势都会影响全身。所以整个习拳过程就是塑造形体、矫正骨骼的过程。

2. 太极拳是一种"平衡运动"　习练太极拳时讲究缓慢运行、上下相随、连绵不断、以腰为轴、节节贯通、不丢不顶、圆转自如，有利于提高周身动作的协调性和平衡性。太极拳的这种不偏不倚、立身中正、八面支撑的运动是一种"平衡运动"，长年累月地坚持锻炼，让骨骼始终处于正常位置，不会压迫神经，也不会造成肌肉过度紧张，并且使关节保持良好的柔韧性，可以促使躯体更好地活动。所以习练太极拳可以矫正人体骨骼，减轻或消除各种疼痛。

【太极拳练习功法】

①陈式抻筋拔骨术　　②陈式混元桩功法

③陈式六首四象功法　　④陈式二十六式养生功法

【案例】

案例一　李女士，64 岁，退休。

我常年有腰椎间盘突出、坐骨神经痛，经常要找按摩师理疗。见到爱人练习太极拳获得的神奇效果后，我便也跟随谢宗奇老师学习陈式太极拳。自从练拳后，再也没有找过按摩师。多年严重的皮肤过敏症状，之前看了不少中医、西医都不见效，海鲜、牛肉不敢碰，家里常备过敏药，练拳后也不知不觉好了，有了口福，什么都能吃啦。

案例二　李先生，48 岁，国企员工。

我之前有比较严重的腰椎损伤问题，曾用过各种治疗方法，最终医生推荐我学习太极拳。于是我加入了单位的太极拳协会，在协会总教练谢宗奇老师的传授和协会其他成员的帮助下，开始学习陈式太极拳。经过一年多的练习，腰椎症状有了明显的缓解。现在每天坚持练习太极拳，身体状况明显比以前好多了。

十、提高肠胃的消化吸收功能

【概述】

肠胃是人体的"油箱"，如果这个油箱坏了，漏油了，不能为身体供应能量了，再重要的器官也会停止正常工作。肠胃主管了我们身体的三大功能：消化功能、排毒功能和免疫功能。现代人生活节奏快，工作压力大，常常三餐不定时定量，不少人患有不同程度的肠胃疾病。研究证明，练习太极拳对肠胃神经官能症、老年便秘及胃、十二指肠溃疡并发症等疾病，有着较好的效果。

【太极拳防治疾病机理】

1. 太极拳的呼吸方法　打太极拳时呼吸细、慢、深、长，为腹式呼吸，可以训练人体横膈的升降运动，对消化道有好处。

2. 太极拳独特的运行规律　缠绕螺旋是太极拳独特的运行特点，有助于肠胃有序地蠕动，加强消化系统的机能，改善肠胃的血液循环，增加消化酶分泌，提高消化能力，有助于消化不良、胃肠神经官能症及胃溃疡等疾病的预防和治疗。

3. 太极拳行拳走架时对身体的要求　周身放松，肌肉松弛，呼气下沉，沉于丹田至脚底，引起腹腔鼓荡，增强肠胃蠕动。

4. 打太极拳时，对人体局部要求　如牙微合，唇微闭，舌尖抵上腭，可促进唾液分化增多，提高了人体消化吸收和排泄功能。

【太极拳练习功法】

①陈式混元桩功法　　②陈式采气功法
③陈式缠丝功法　　　④陈式二十六式养生功法

【案例】

陈先生，65 岁，退休，上页李女士的丈夫。

说起练习太极拳，我确实收获很大！我原来很容易感冒，下雨天只要淋湿头发就会感冒，而且每次都要看医生才会好。2019 年 3 月，开始跟谢宗奇老师学习陈式太极拳，刚刚练习两个月后，神奇的事情出现了：一天早上跟拳友练拳时，突然下起了暴雨，我全身都被淋透了，可第二天竟然没有感冒。这是之前我不敢想象的。这使我更加坚定了练习太极拳的决心。练太极拳两年来再也没有感冒过。还有我原来被肛湿症困扰了多年，虽然不是什么大病，但很不舒服，自从练太极拳以后，不知不觉地症状也消失了。

十一、利于心脑血管疾病的防治、康复

【概述】

当代社会，随着人们工作节奏的加快，精神压力的不断加大，饮食方面的不平衡，导致心脑血管疾病的发病率、死亡率呈双上升局面，严重威胁着人类的身心健康。近年来，太极拳应用于临床辅助心脏病治疗和康复，并取得了可喜的成果。

【太极拳防治疾病机理】

从太极拳运动方式和呼吸方法来看，太极拳动作缓慢均匀，连绵不断，节节贯通，配合深沉而均匀的呼吸，能提高血管运动神经的稳定性及血管平滑肌的弹性，降低血压，从而减少心脑血管疾病的发生。练习太极拳运动时还有效地推动骨骼肌、胸腔、腹腔做周期性的收缩和舒张。同时肌肉活动时，毛细血管充分开放，

加速了静脉血液和淋巴液的回流速度，改善微循环，从而减轻心脏负担，有助于保持心脏、血管和淋巴系统的健康。

习练太极拳还可促使毛细血管网开放，对提高酶的活性、改善机体物质代谢起到促进作用，肌肉和脂肪组织的脂蛋白酶活性提高，即可改善脂肪代谢，从而预防心脑血管病变。久练太极拳的人心率大多在每分钟 60 次左右，这种由于锻炼而得来的心率减慢使心肌得以充分休整，促使心肌收缩力加强，提高了心脏的工作能力，有效地提高了心脑血管系统的功能。

太极拳的运动规律对心脑血管疾病愈后康复有较好的效果：

（1）太极拳习拳中强调身心放松，与中风康复的"松""静"理论相合。

（2）太极拳习拳中意念集中，意气相合，与中风"有意注意"之旨一致。

（3）太极拳习拳中以腰带动下的整体运动，与中风康复重视腰脊和躯干肌肉整体训练一样。

（4）太极拳习拳中螺旋缠绕与中风康复 PNF（本体感觉神经肌肉促进疗法）中对角线运动相似。

（5）太极拳的桩功与中风康复治疗中立位平衡和患侧负重锻炼动作不谋而合。

（6）太极拳习拳中的眼神运用，符合中风康复训练中的"视觉控制"。

太极拳运动时，有效地推动骨骼肌、胸腔、腹腔做周期性的收缩和舒张。同时，肌肉运动时，毛细血管充分开放，加快静脉和淋巴的回流速度，改善微循环，从而减轻心脏负担，有助于保持心脏、血管和淋巴系统的健康。

【太极拳练习功法】

①陈式抻筋拔骨术　　②陈式缠丝功法　　③陈式混元桩功法

④陈式采气功法　　⑤陈式六首四象功法　⑥陈式二十六式养生功法

【案例】

应先生，57 岁，企业家。

我在 20 多年前被诊断出高血压，不吃药时高压为 150 毫米汞柱多一点，吃降压药时也长期维持在 130 毫米汞柱左右，同时每周不定期会有一两天犯头痛，头痛会发生在劳累、休息不好等情况下。

2021 年 3 月我认识了谢宗奇老师，并开始学习太极拳，谢老师每周传授一次，我平时每天早上自己锻炼 1 小时。经过两个多月的不懈坚持，基本上没有出现头痛的现象，偶尔头痛也没有以前那么剧烈，及时休息就可以缓解。睡眠状况也比以前大有好转，以前半夜会因手臂麻胀而醒，现在半夜手臂麻胀感减轻很多。

我认为每个人身体不适的病因是不同的，因此，舒缓或治疗的方法也是不同的。我的高血压和头痛是因为脖子、颈椎长期缺乏运动或受压迫所造成的，而太极拳准备活动中的头部运动和搓脖子对我很有效，这段运动是我最愿意做的，做完之后精神就会为之一振。以前脖子发硬，两边手感不对称，一边总是感觉有硬块的板筋现象也逐步消失。最近测量血压，高压大多数时候为120毫米汞柱左右，有个别时候甚至在100毫米汞柱多一点，我感觉血压会不会太低了，正与医生商量是否减量或者停止服用高血压药。

再者，我认为太极拳是全身各个关节、器官乃至气血的运动，全身都在运动，每个人的身体不适虽然有所不同，身体各部位的状况也有所不同，但太极拳的全身运动能使身体的某个部位、某个器官得到它所需要的锻炼。

我要感谢谢宗奇老师，他细心耐心，对每个学生悉心指教，让每一个内心真正想学太极拳的人都能学会；他宅心仁厚，对每个学太极拳的人都心存善念，尤其对有基础病的人抱着以拳治病、无病强身的态度去对待。谢老师不仅教拳，同时还讲解拳理，讲授陈式太极拳的历史，教学内容丰富而生动，让每个学拳的人在轻松、舒适的环境和状态下就把太极拳学会了。进入德奇太极拳馆，不仅感受到师父的耐心指导，还有师母的热情温暖、师兄弟的其乐融融。我初学两个多月已体会良多，我决心坚持学下去，相信长期坚持下去不仅可以使身体轻松健康，一定还会有一个健康飒爽的不一样的退休生活。

十二、对癌症有很好的预防、康复、治疗作用

【概述】

癌症的形成是人体内原本正常的细胞在各种内部和外部因素的长期作用下发生异常的改变，正常情况下，由于人体有强大的修复能力，会重新恢复正常，但在人体免疫力低下时这些肿瘤会累积起来，最后发生异常增生而形成癌症。国内外实验室大量研究结果也证实，先有免疫力低下，而后有癌症的发生。所以，提高自身免疫能力，是预防肿瘤的最好方法。

【太极拳防治疾病机理】

从中医角度来看，太极拳具有通经活络、扶正强身、平衡阴阳、行气消癥的功效。太极拳螺旋缠绕运动，可引导内气在体内循环经络沿曲线旋转，引气血周流，促进气血循环，加速人体的新陈代谢，起到协调脏腑经络与气血津液，防止痰湿、气滞、血瘀形成的作用，久而久之，就培养了正气，增强了人体免疫能力。

太极拳以腰为轴，腰不动四肢不动，全身的整体运动对人体300多个穴位产生不同的牵引和腹腔内按摩作用，可活跃经络、激化经气、疏通经络和调整虚实。太极拳虚实转换之理符合中医学的人体心理、生理上的阴阳平衡。太极拳缓慢柔和的运动方法，区别于其他剧烈运动，它柔和、轻灵，用意不用力，内外相合、上下统一，有规律地进行习练，可有意识地练习，遵循以意行气、意到气到形到的运动规律，从而调整人体心理和生理功能，增强免疫力，提高防病抗病能力，进而达到预防、辅助治疗肿瘤的效果，并可作为肿瘤治疗后康复期的锻炼方法。

　　总之，练习太极拳不仅可锻炼身体，还可陶冶情操，修身养性，让人体身心受益，使人减轻压力，增强自身免疫力，进而阻碍和减少肿瘤的发生和进展，是非常有效的防治肿瘤及癌症的运动处方。

【太极拳练习功法】

①陈式抻筋拔骨术　　②陈式缠丝功法　　　　③陈式混元桩功法

④陈式放松功法　　⑤陈式二十六式养生功法

【案例】

何女士，45岁。

　　我是一位大病后正处于康复期的患者。2016年底我不幸被查出罹患淋巴瘤，经过近一年的化疗和自体移植等治疗后，又休养了一年多的时间，但身体还是很虚弱，整天有气无力，头痛头晕，脸色苍白，食欲不振，畏寒怕冷。由于免疫力低下的原因，其间还患有慢性荨麻疹和甲状腺功能减退症，整天给人的感觉就是无精打采的样子。

　　2019年初，我的好姐妹阿新开始学陈式太极拳，她学了一段时间后，感受到太极拳这种由内而外、以意引气、以气运身的运动，顺其自然，不受时间、地点限制，随时可以练习，通过持续和日积月累的锻炼对人体各种不适会有不同的改善。她认为太极拳对我身体的康复应该有帮助，就带我去见她的老师德奇太极会馆的刘籽君老师。通过刘老师对太极拳的详细介绍和给予我的鼓励，我给了自己一个尝试的机会，也跟着大家一起学起了陈式太极拳，我希望通过这种养生锻炼的方法帮助身体康复。

　　刚开始练习的时候我觉得自己很笨，对自己没有信心，我的师父谢宗奇老师亲自过来教我们关节操（抻筋拔骨术）、缠丝、太极步、站桩、吐气，并讲解太极拳的起源、发展和拳理等，我就像懵懂无知的孩子一样对太极拳充满了好奇和向往。

　　我发现仅做了两天的关节操后，以前几乎每天都会抽筋的腿和脚居然不再抽筋了，让我喜出望外、信心倍增，下定决心要每天坚持下去。一开始学六首四象功和陈式太极拳精要十八式，那时我几乎每天都会头痛，稍一用力就会头痛加剧，所以我的动作都是轻飘飘的，人也是轻飘飘的，站不稳、站不久，更别提动作有多丑多难看了。但这些都没有减少我对太极拳的热爱，因为我的身体已经开始有感觉，虽然动作不标准且难看，但我的症状在缓解，所以我决定继续坚持锻炼，并且相信通过自己的努力，我的拳会打得越来越好，身体也会慢慢好起来的。

　　由于病后体质弱的原因，我每次练拳的时间都比其他的拳友们短，自己感到劳累就会停下来休息，不和别人比时间、比次数，以平和的心态选择适合自己的方式在坚持着。现在的我每一次的持续锻炼时间已经能坚持到一个半小时左右，这是原来连多走几步路都觉得累的我根本不敢想的。站桩由开始的飘忽不定到现在的气定神闲，由开始的不足5分钟到现在可以站20分钟甚至更久。我的情绪也不像以前那么容易激动，心态也平和了很多。最近的一份体检报告让我欣喜若狂，也证明我选择太极拳这项运动，通过持续的锻炼，确实能改善我的身体症状，因为体检报告显示我的血常规已恢复到了正常，不再贫血。人逢喜事精神爽，现在的我精神饱满，走路带风，曾经无精打采的样子一去不复返了。

在习练太极拳的无数日子里，感谢我的恩师谢宗奇老师和刘籽君老师，以及师兄师姐们无私奉献、耐心指导和尽心尽力的陪练，正是有了他们的认真教导、鼓励和陪伴，我从最初的动作僵硬、笨拙，到渐渐自然流畅，现在对太极拳的拳理也有了一定的了解，越来越感到太极拳的奥妙无穷。到现在为止，我不单学会了六首四象功、陈式太极拳精要十八式、老架一路、云水太极扇，现在又开始学习陈式太极单剑。以后随着身体的好转，我还想学习更多。现在我每天都带着感恩的心练拳学拳，练拳的时候沉醉在忘我的境界里，沉浸在太极拳的世界里，抛开了一切烦恼。

感谢太极拳！是太极拳让我重新认识自己，是太极拳重新给予我自信，是太极拳让我拥有了越来越好的身体，是太极拳让我结识了重情重义的恩师和拳友，让我收获无穷，快乐无比，让我心胸宽广，视野变得开阔，让我消减积怨，平衡情绪，让我对生活充满了感恩和希望！我与太极拳的缘分将无穷尽，太极拳将伴随我一生，我将走到哪儿练到哪儿，活到老练到老。

十三、其他案例习练太极拳的收获

案例1　曾先生，55岁，国企员工。

2018年7月我发现身体出现异常，拿东西会颤抖，而且脖子变粗，体重下降20多斤，经检查为甲状腺功能亢进。2019年初我加入单位的太极拳协会，在总教练谢宗奇老师的耐心教导下，开始学习陈式太极拳。坚持练习太极拳两年后，甲状腺功能已完全恢复正常。

案例2　陈先生，41岁，国企太极拳协会会长。

我跟随谢宗奇老师学习陈式太极拳8年了。学习太极拳收获有：第一，懂得放松自己。常打太极拳可以放松自我，特别是在日常生活中压力较大的时候。第二，太极拳带来更加健康的身体。自从练习太极拳以来，能明显感觉自己的身体比以前好了，不容易感冒了。太极拳能有效调节身体功能，让风邪之气不能轻易留在身体内。第三，练习太极拳后性格变得更加稳重，不卑不亢、不急不躁。第四，练习太极拳后更加懂得如何去保护、爱护自己的身体，懂得哪些伤害身体的动作应该避免。第五，长时间坚持练习太极拳后，习惯了坚持去做一件事情，明白坚持就是胜利的道理。练太极拳重在性灵康健，练拳、推手只是表面，更重要的是锻炼人的意志力、自制力、承受力、自信心以及一种坚忍不拔的人生态度。练太极拳与不练太极拳的人，在每天看来没有太大区别，但是五年十年后再看的时候，也许就是一种人生对另一种人生。

案例 3　卢先生，30 岁，国企员工。

我练习陈式太极拳4年了，收获有：第一，放松身心。我在单位经常加班，工作压力特别大，只有打打太极拳才可以放松自我。第二，增强体质。我整天坐办公室，经常感觉腰酸背痛，自从练习太极拳以来，能明显感觉自己的身体比以前好了。第三，太极拳能提高身体免疫力，练习太极拳的4年时间里，我几乎没有感冒发热过。第四，坚持就是胜利，长时间练习太极拳，让我的耐力、意志力、自信心等方面得到了一定程度的磨炼。

案例 4　蔡女士，63 岁，退休。

我在学习太极拳之前，身体状况非常差，高血压、手脚冰凉、腰腿酸痛、双手抬不起来，每天都要靠大量的药物来缓解症状。尤其是双手抬不起来的状况，医生说只有手术才能治疗。2019 年年中，亲属介绍我到德奇太极馆来学习陈式太极拳，仅仅经过了两三个月，我的症状就明显减轻了，于是更坚定了我坚持练习的决心。经过一年多的时间，效果更加明显了，双手不但能随意抬起，连拖地都没有问题。现在又学习了陈式太极单剑，之前不敢想象的劈、撩、砍、刺等动作，做起来毫无障碍。感谢德奇太极，感谢谢宗奇老师！

诸如上述太极拳对诸多病患的康复案例，再次表明，太极拳不能包治百病，但确实有强身健体、养生康复、缓解或消除症状的作用。

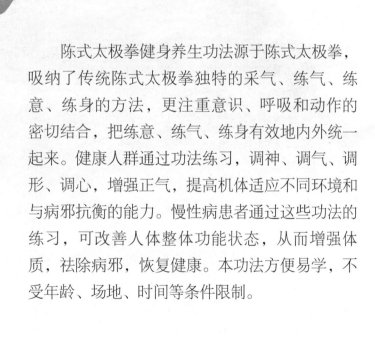

第三章
陈式太极拳健身
养生功法练习

　　陈式太极拳健身养生功法源于陈式太极拳，吸纳了传统陈式太极拳独特的采气、练气、练意、练身的方法，更注重意识、呼吸和动作的密切结合，把练意、练气、练身有效地内外统一起来。健康人群通过功法练习，调神、调气、调形、调心，增强正气，提高机体适应不同环境和与病邪抗衡的能力。慢性病患者通过这些功法的练习，可改善人体整体功能状态，从而增强体质，祛除病邪，恢复健康。本功法方便易学，不受年龄、场地、时间等条件限制。

第一节　习练陈式太极拳对身体的要求

习练陈式太极拳时对人体的总体要求是"心静"和"体松"。"心静"是要求思想集中，排除杂念，专心练拳；"体松"是要求周身除骨骼之外的各部位都要处于自然松弛状态，消除不必要的紧张，保持身体的灵活性。身体各部位要求如下：

一、头颈部

头部保持正直，颈部始终放松。

具体要求：

· 百会穴虚领，两眼平视，耳听后方（兼顾左右），口唇牙齿微闭，舌尖抵上腭，下腭微内含，颈部肌肉放松，处于松弛自然态势。

二、躯干和上肢部

前胸要含、虚、松，后背要舒展松沉。

具体要求：

· 含胸、合腹、塌腰、沉肩、坠肘。

· 胸部含虚和胸间松开，促使呼吸深长舒畅；两肩关节向下，向外松开，两肘关节向下沉坠。

三、下肢和脚部

下肢是支撑身体的根基和劲力发动的根源。

具体要求：

· 圆裆，两胯根与两膝盖要撑开，撑圆而又有相合之意。

· 开胯，胯根部（关节）要松开。

· 屈膝，整个习拳过程中膝部都要保持微屈状态。

· 脚踏实，脚的周边皆要抓地，脚心空、涌泉虚。

第二节　陈式太极拳的手型和步型

一、三种手型

1.掌　陈式太极拳的掌是"瓦楞掌"，拇指与小指有相合之意，中指、食指、无名指微微后仰。四指均轻微合拢，但不可用力，掌心一定要虚（图3-2-1-1）。

图 3-2-1-1

2.拳　陈式太极拳的握拳形式，是四指并拢卷曲，指尖贴于掌心，然后拇指卷曲，贴于食指与中指的第二节指骨上，但是不宜用力过大，避免手臂僵直（图3-2-1-2）。

图 3-2-1-2

3.勾手　五指尖提拢，屈腕放松。不能用力形成死弯，影响气血循环（图3-2-1-3）。

图 3-2-1-3

二、三种步型

陈式太极拳的弓步与其他拳种的弓步有所区别，均要求松胯屈膝。

1. 弓步　弓步分左弓步和右弓步两种。

左弓步：左腿为实，右腿为虚，实腿膝盖与脚跟上下对照，向前与脚尖保持一致；虚腿脚尖为内扣；膝关节微屈，曲中有直。重心三七分（实腿为七，虚腿为三）。松胯屈膝，圆裆，既有外开，又有内合，开中有合，合中有开（图3-2-2-1）。

右弓步：右腿为实，左腿为虚，其他要求与左弓步相同，只是方向相反（图3-2-2-2）。

图 3-2-2-1　　　　　　　　　　　图 3-2-2-2

2. 仆步　仆步是一种低步法。一腿屈膝下蹲，另一腿以脚内侧或足跟后侧向斜前方贴地铲出，不能过低也不能过高。臀部离地约四指，保持裆内有灵活旋转力（图3-2-2-3）。

图 3-2-2-3

3.**虚步**　虚步是一腿支撑重心，另一腿虚脚，脚尖点地，虚脚支撑力只占全身重量的 1/10，起支点的作用。

虚步站立时要松胯屈膝，虚实分明。虚步分前、后、左、右虚步（图3-2-2-4）。

①前虚步　　　　　　　　　　　　　　　　　　　　②后虚步

③右虚步

④左虚步

图 3-2-2-4

第三节　陈式太极拳养生功的主要基础步法

一、开步

两脚并立，呈立正姿势，两臂下垂于身体两侧，手心向内，头正，眼平视（①）。松胯屈膝，放松下沉，重心移向右腿，左脚先抬起（②），右腿再次下沉，左腿完全抬起向左侧横移一步，然后重心移至两腿之间（③）（图 3-3-1-1）。

①

②

③

图 3-3-1-1

二、太极步

行步时首先要意在先，在缓慢进退运动中要保持松、静和身体的平衡。

其次要注意虚实的结合，后腿踩实，前脚做虚，后脚的实变成虚，前脚的虚变成实，反复不停的转化就是虚实的转换过程。

另外，要周身相随，内外一致，提脚吸气，落脚呼气，随着腹腔一吸一放松，腰背、腰腹做折叠运动，内气催外形，一动无有不动。

具体如下：

1. **预备势**　两脚并步站立，两臂松垂沉于身体两侧，立身中正，两眼平视正前方，思想屏除杂念，全身放松，唇齿微合，舌尖抵上腭，呼吸顺畅自然（图 3-3-2-1）。

2. **前进步**　松胯屈膝，右脚向下踩，左脚离地提起，全身放松下沉（①）。两臂慢慢自然顺缠外翻，在身体左右两侧托起，同时左脚尖抬起走弧线，向身体前方外摆 30° 迈步，左脚脚后跟先着地（②），两手继续上托逆缠里合于额前，掌心朝下，配合呼吸为吸气（图 3-3-2-2）。

图 3-3-2-1

太极步

①　　　　　②

图 3-3-2-2

身体重心向前滚动，左脚前脚掌向前一点点落地踏实，右脚脚后跟慢慢地、一点点抬起(①)，双手随身体前滚放松下沉，合于下腹处，掌心朝下(②)。意念放松，气沉脚底，配合呼吸为呼气（图 3-3-2-3）。

①　　　　　　　　　　　　　　②

图 3-3-2-3

左脚脚掌完全踏实后，身体前移，重心平稳移向左腿。这时两臂慢慢自然外翻，在身体左右两侧托起，与肩同高。同时带动右腿轻轻提起，左腿微微弯曲稳住重心，身法的松正与平稳不可受影响（图3-3-2-4）。

身体微微向右转，右腿划弧线向前30°方向缓缓伸出，脚跟着地，左腿保持微微弯曲状，两手继续上托逆缠里合于额前，掌心朝下（图3-3-2-5），配合呼吸为吸气。

身体重心向前滚动，右脚前脚掌完全落地踏实，两手随身体放松下按合于小腹部，掌心朝下，配合呼吸为呼气，这时重心慢慢移向双腿之间（图3-3-2-6）。

图 3-3-2-4　　　　　　　图 3-3-2-5　　　　　　　图 3-3-2-6

练习时可根据场地空间大小，左右交替进行，不限步数。如图 3-3-2-7 所示。
另外在练习时要保持身稳、体松、气平、心静。

图 3-3-2-7

3.后退步　两手叉腰，松胯屈膝，重心移向右腿（①）；左脚脚跟缓缓离地，保持身体稳定（②）；然后左腿缓慢提起向后30°方向划弧轻轻开出，脚尖先着地（③）；身体微右转，重心移向左腿，右脚收回与左脚并立，两手保持叉腰不变，呼气放松。此为左后退步。

接上式，重心移向左腿；右脚脚跟缓缓离地，保持身体稳定（④）；然后右腿缓慢提起向后30°方向划弧轻轻开出，脚尖先着地（⑤）；身体微左转，重心移向右腿，左脚收回与右脚并立，两手保持叉腰不变，呼气放松。此为右后退步。

如此左右腿交替后退（图3-3-2-8），可根据场地的大小来定，不限步数。最后收步时两手自然下垂于身体两侧，身体放松直立。

图 3-3-2-8

第四节 抻筋拔骨术

陈式太极拳抻筋拔骨术是练习太极拳前的热身功法，又叫关节活动操。

一、抻筋拔骨术的作用

抻筋拔骨术是通过人体的腕、肘、肩、胯、膝、踝六对关节和一条脊柱（由26块椎骨组成，其中颈椎 7 块，胸椎 12 块，腰椎 5 块，骶骨 1 块，尾骨 1 块）等关节的活动，使肌肉、筋腱松弛，关节舒展。可有效减少扭伤、拉伤、骨折等损伤，缓解肌肉、神经、血管紧张，消除身体疲劳和疼痛。同时还能疏通脉络、活血化瘀，促进全身血液循环，增强机体的抵抗力。

二、抻筋拔骨术的练习方法

（一）活动腕关节

两脚自然开立，约与肩同宽，两手十指环扣交叉于胸前。以腕关节为轴旋转，动作尽量轻柔，幅度要大，速度不宜快猛。旋转次数可为 1~4 个八拍；旋转方向可向前、向后、向上、向下，以舒适为合适（图 3-4-2-1）。

① ② ③ ④

图 3-4-2-1

（二）活动肘关节

两脚自然开立，约与肩同宽，两手臂自然垂于体侧，以身体带动手臂，先逆缠进而变顺缠，走外前上弧形合于腹前（图3-4-2-2）。

图 3-4-2-2

（三）活动肩关节

两脚自然开立，约与肩同宽，两手变成勾手，两手勾手尖放在肩前锁骨中间，以肩关节为轴，两肘向前、向上、向后、向下旋转为1圈，转8圈，然后反方向旋转8圈（图3-4-2-3）。

图 3-4-2-3

　　单臂在体侧垂直划圆，单臂在身体侧面左右各转8圈。

　　右单臂举起，手掌掌心朝前，左手掌掌心压在右臂前（①），右手向后向下手背方向划圆1圈，划8圈。然后右手向前向下手心方向划圆1圈，也是划8圈(②)。左单臂体侧垂直划圆同右相似（③④）（图3-4-2-4）。

图 3-4-2-4

（四）活动头颈

1.后仰前勾　两脚自然开立，约与肩同宽，双手合于小腹丹田处，头缓缓向后仰，尽量让鼻尖与额头在一个水平面上（①），然后头再缓缓向前勾，下颌尽量贴住前胸（②）（图3-4-2-5）。

图 3-4-2-5

2.左右耳向左右肩靠　左耳向左肩靠（①），右耳向右肩靠（②），动作要柔而慢，可反复靠2次（图3-4-2-6）。

图 3-4-2-6

3. 前后左右点头　在形体保持不变的情况下，头颅可向前点两下（①），然后向左点两下（②），接着向后点两下（③），最后向右点两下（④），如此重复4次（图3-4-2-7）。

图3-4-2-7

4. 旋转头颈　上体不变，两手叉腰，拇指在后，其余四指在前，以颈项为轴，头向左、后、右、前旋转1圈，共转8圈，再反方向旋转8圈。

（五）扩胸振臂

两脚自然开立，约与肩同宽，双手平抬于胸前，掌心向下，指尖相对，两脚不动，两肘外展扩胸后振臂2次（图3-4-2-8）。

随两臂回弹，两臂呈侧平举扩胸，掌心朝上，后振臂2次（图3-4-2-9）。

①　　　　　　　　②
图 3-4-2-8　　　　　　　　　　　图 3-4-2-9

左手上举于头部左侧，臂伸直，掌心朝前，右臂垂于右侧，两臂同时后振2次（图3-4-2-10）。

右手上举于头部右侧，臂伸直，掌心朝前，左臂垂于左侧，两臂同时后振2次（图3-4-2-11）。

图 3-4-2-10　　　　　　　图 3-4-2-11

（六）架臂转腰

　　两脚自然开立，约与肩同宽，松肩、沉肘、松胯、屈膝。两手握拳平抬于胸前（①），拳面相对，脚不动，身体向左转 90°，连续左转两次完成，第一次左转角度小于 90°（②），第二次左转角度要达到 90°（③）。身体向右转 90° 时，与左转相同（④⑤）。反复练习，可练习 1~4 个八拍（图 3-4-2-12）。

①　　　　　　　　　②　　　　　　　　　③

④　　　　　　　　　⑤

图 3-4-2-12

（七）抡臂拍打

　　两脚自然开立，约与肩同宽，松肩、松臂、松胯、微屈膝，脚不动，随着身体左转，带动两臂甩开拍打身体，右手拍打左前胸、腹、肋、肩，左手背拍打右背（①②），眼随身体向左后方看。再向右转，动作相同，方向相反（③④）。如此自上而下、自下而上随意拍打，次数可多可少，以自我感觉轻松舒适为佳（图3-4-2-13）。

①　　　　　　　　　　　　②

③　　　　　　　　　　　　④

图 3-4-2-13

（八）活动髋关节

两脚自然开立，约与肩同宽，两手虎口叉腰，拇指在前，其余四指按于肾俞穴上。腰不动（①②），以髋关节为轴，按左→后→右→前的方向（③④⑤⑥）旋转8圈，再反方向旋转8圈，反复练习即可（图3-4-2-14）。

图 3-4-2-14

（九）活动膝关节

两脚自然开立，约与肩同宽（①），两手按在膝盖上，以膝关节为轴，同时向里（②）、向外（③）各旋转8圈（图3-4-2-15）。

两脚并拢，两手按在膝盖上，以膝盖关节为轴，向左、向右各旋转8圈。反复练习，在练习时要注意旋转一定不要过快、过猛，要缓慢、轻柔。

①

②　　　　　③

图 3-4-2-15

（十）活动踝关节

两脚自然站立，双手叉腰，拇指在后，其余四指在前，重心在右腿，左脚点地，右脚不动（①），以左脚尖为支点，以左脚踝为轴旋转（②），再以右脚尖点地（③），旋转右踝关节（④），反复练习（图3-4-2-16）。

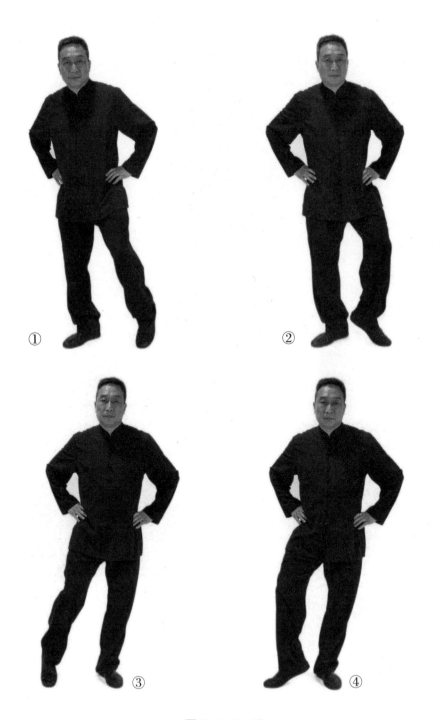

图 3-4-2-16

（十一）弹抖放松

　　身体保持立正姿势，左脚提起，右腿支撑体重，松胯屈膝；两臂放松收缩，身体略右转，放松弹蹬左脚，同时向右前下甩两手臂，使全身各个关节都有一种放松的感觉（①）。换右脚弹抖放松，动作与左脚相同，方向相反（②）（图3-4-2-17）。

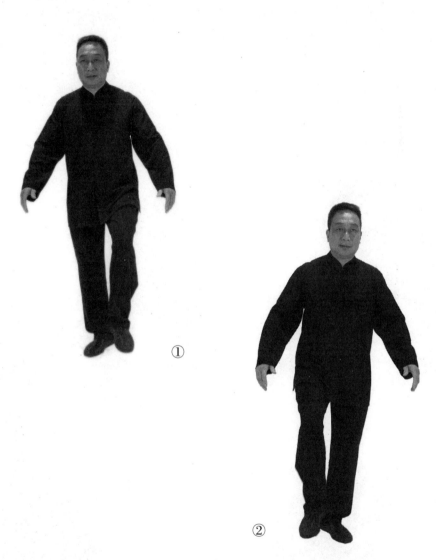

图 3-4-2-17

（十二）弓步压腿

1. **右弓步侧面压腿** 右脚向前迈一大步，腿屈膝，脚尖稍向内合，右腿膝盖与脚面保持垂直，右脚尖朝前，左脚尖朝身体斜前方，两脚全脚掌着地，右手按在膝盖上方，左手虎口叉腰，身体对着侧前方（①）。

2. **右弓步正面压腿** 右脚向前迈一大步，右腿屈膝，脚尖和膝盖保持一个方向，两手同时按在右膝盖上，身体正对着膝盖方向，左脚尖着地朝着身体斜前方（②）。

做这两个动作时，髋部向下压，腰部要绷紧，重心放在两腿之间，反复练习，次数不限。

3. **左弓步侧面压腿和左弓步正面压腿** 与右弓步相同，换成左腿（③④）（图3-4-2-18）。

①   ②

③   ④

图 3-4-2-18

（十三）仆步压腿

1.左仆步侧面压腿　左腿伸出去，伸直，左脚掌后半部着地，脚尖上翘里合，右手抱着右脚脚面，左手按在左小腿上，上身用力往左腿方向侧压（①）。

2.左仆步正面压腿　左腿伸出去，伸直，左脚脚跟着地，脚尖直立向上，右手抱着右脚脚面，左手按在左小腿上，上身用力往左腿方向侧压（②）。

3.右仆步侧面压腿和右仆步正面压腿　与左仆步方法相同，换成右腿（③④）（图3-4-2-19）。

图 3-4-2-19

（十四）提臀开胯

　　两脚自然开立，约与肩同宽，两手叉腰，重心放在左腿上，右脚尖踮起，右腿弯曲提起至大腿平，往外往内开胯（①②③）。换左腿时，重心放在右腿上，其他动作与右腿相同（④⑤⑥）。反复练习（图3-4-2-20）。

①　　　　　　　　②　　　　　　　　③

④　　　　　　　　⑤　　　　　　　　⑥

图3-4-2-20

（十五）全身引体向上拉伸

两脚自然并立，两手十指相扣经胸前往前往上，然后相扣的两手掌心向上托起（①），两脚脚跟离地，身体往上用力托（②③），并保持全身的稳定性（图3-4-2-21），反复练习。

① ② ③

图 3-4-2-21

第五节　缠丝劲

缠丝劲是陈式太极拳的运动方式，也是陈式太极拳的重要特点和区别于其他武术拳种的独特之处。陈式太极拳拳谱云："缠丝劲，发源于肾，处处有之，无时不然。"缠丝劲的产生是人体在保持虚领顶劲、立身中正、松肩沉肘、含胸塌腰、旋腕转肩及胸腰折叠时，形成的其根在于足、形于腿、主宰于腰、贯通于手指的一条空间曲线。它在运行中没有直线，没有平面，没有断续处，没有凹凸处，没有抽扯之形，没有提拔之意，从而逐渐产生一种似柔非柔、似刚非刚、虽沉重而不失灵活善变的内劲，这种内劲就叫"缠丝劲"。

一、缠丝劲的种类和特点

陈式太极拳缠丝劲按其性能可以分为两种基本的缠丝：

· 一种是掌心由内向外翻转的，为顺缠。

· 一种是掌心由外向内翻转的，为逆缠。

缠丝劲在腿上表现为：

· 凡脚尖往里合为逆缠丝劲，脚尖往外摆为顺缠丝劲。

两种缠丝劲存在于陈式太极拳运动的一切过程中，它们是运动中的基本矛盾，同时又相互转化为其根。在两种基本缠丝之下，因方向不同和变换各异，又分出五对不同的方位缠丝，即左右缠丝、上下缠丝和里外缠丝、大小缠丝、进退缠丝。

二、缠丝劲在健身养生方面的作用

陈式太极拳中螺旋缠绕运动，符合养生之理。人体的经络互为表里，交联环绕，太极拳的缠绕运动，可沟通周身奇经八脉、十二经、十五络，使气血流注营卫周身，调节三焦、平衡阴阳、柔和骨节、内壮五脏、外强筋骨。具体作用如下：

1. 促进人体气血循环　陈式太极拳的缠丝劲就是引导内气在体内循经环络沿曲线旋转，引导气血流转循环，加速人体的新陈代谢，培养元气，增强人体免疫力，达到养生保健的目的。

2. 增强消化系统的功能　陈式太极拳的缠绕螺旋运动，有助于肠胃有序地蠕动，改善肠胃的血液循环，促进消化酶分泌增多，可增进食欲，提高消化能力，防治肠胃疾病。

3. 使人体关节、肌肉、骨骼得到深入锻炼　表现为持续增加骨密度，令骨面肌肉附着部分明显凸显，骨小梁的排列更加整齐有规律。由于骨的新陈代谢加强，令人体形态结构得以全面矫正，呈现出更强的抗挫、抗弯、抗压、抗扭转性能。

4. 增加人体的柔韧性　缠丝劲的练习可强化周身筋、骨、皮及内脏各器官的弹性。加大关节囊周围肌腱、韧带和肌肉的延展性，使关节活动幅度加大，让人体整体保持柔韧性。

5. 矫正体型、保养皮肤　缠丝劲日久锻炼，能使全身各部肌纤维中线粒体数目增多，体积增大，肌肉中脂肪减少，结缔组织增多，毛细血管及参与活动的肌纤维数量都增加，不但可矫正胖瘦体型，而且还促使人的皮肤变得细腻有光泽。

三、六种缠丝劲的练习方法

（一）单手正面缠丝

1. 左手单手正面缠

（1）左手缠：两脚开为左弓步，左手上掤至左膝上方，高与肩平，右手叉腰，拇指在后，其余四指在前，目视左手，重心在左（①）。

（2）身体向右转，重心移至右腿，同时左手划弧下沉，里合于小腹前，此为顺缠劲（②）。

（3）身体继续右转，同时左手向右上穿掌至右胸前，为逆缠丝，两眼目视身体右侧前方（③④）。

（4）松左胯，身体左转，左手逆缠外开至左膝上方，高与肩平（⑤），两眼目视左手。

如图 3-5-3-1 所示。

①

②

③

单手正面缠丝

④

⑤

图 3-5-3-1

2.右手单手正面缠　右手单手正面缠动作和要领与左手单手正面缠相同，方向相反（图3-5-3-2）。

单手缠丝一开一合为一节拍，练习时可根据身体情况确定练习数量，初学者先弄清楚动作路线，熟练后再体会重心移动的盘旋路线，以及周身一动无有不动、连绵不断的顺逆缠丝转换速度和呼吸方法等。

图 3-5-3-2

（二）双手正面缠丝

（1）由单鞭的定势动作为起势，身体微向左转，右手变掌顺缠划弧下沉于小腹前，同时左手微逆上掤，两眼目视左前方（①②）。

（2）身体先左后右转，重心由左腿移至右腿，同时右手向左向上穿掌变逆缠弧形向右掤，左手顺缠划弧里合于左腿内侧（③），目视右前方。

双手正面缠丝

（3）左手向右向上穿掌外翻变逆缠向左弧形掤出，右手顺缠里合下沉又成单鞭的定势动作为起势的姿势。

这样循环反复练习（图3-5-3-3），熟练之后可结合步伐进行活步缠丝练习。

①

②　　　　　　　　　　　③

图 3-5-3-3

（三）单手侧面缠丝

（1）两脚横开成左弓步，左手掤至左膝上方，高与肩平，右手叉腰，拇指在后，其余四指在前，重心在左（①），眼看左手。

（2）身体左转，左手逆缠划弧外开至身体左侧后方，两眼看左手（②）。

单手侧面缠丝

（3）身体右转，重心移至右腿，左手顺缠里合于左膝上方，两眼顺着左手看左前下方。

（4）身体略左转，左手逆缠上掤至左膝上方（③），一开一合为一节拍，单练两个八拍，可重复练习多个节拍（图3-5-3-4）。

① ② ③

图 3-5-3-4

再换右手练习时，动作要领与左手要领相同，左右互换即可（图 3-5-3-5）。

①

②　　　　　　　　　　③

图 3-5-3-5

（四）左右后捋缠丝

（1）两腿成右弓步，左手置于胸前，高与肩平，右手合于腰间，两眼目视前方（①）。

（2）身体微右转，重心收至左腿，左手立掌前掤，右手往右方捋（②）。

（3）左逆右顺，缠丝反转（③）（图3-5-3-6）。

侧面（左右）
后捋缠丝

①

②　　③

图3-5-3-6

（4）身体微左转，重心移至右腿，同时，左手逆缠挒至腰间，右手先逆缠后挒变顺缠上翻（①）。

（5）身体继续左转，右手立掌上掤推至身体右前方（②）。

（6）身体再微右转，右手先顺后逆反转下按，左手先逆后顺反转上掤（③）（图3-5-3-7）。

如此这样循环往返，反复练习，以身领手，以腰催肩，以肩催肘，再达于手，练习周身结合的前掤后挒劲。

需要注意的是，后挒时，手臂不要挒直，八分直即可；另外，在后挒转折上翻时，要划圆弧折上来，不要急转弯，以免造成挑肩。

图 3-5-3-7

（五）双手侧面缠丝

（1）先立正成预备姿势，右脚尖外摆75°，然后提左腿向左前上步，两手左顺右逆缠丝，向前划弧上掤后捋，两眼目视前方（①）。

（2）身体右转，两手后捋，重心后移（②）。

（3）身体左转，两手走下弧左逆右顺缠向前掤，重心在左腿（③）。

（4）身体左转，两手右逆左顺缠向上后捋（④）。

反复练习以上动作（图3-5-3-8）。

双手侧面缠丝

①　　　　　　　　　　　②

③　　　　　　　　　　　④

图 3-5-3-8

　　当右腿在前、左腿在后时，练习方法相同，方向左右调换而已（图 3-5-3-9）。

　　练习时要以裆腰为轴旋转，带动两臂缠丝，以身领手，以意导气。

图 3-5-3-9

（六）双顺双逆上下缠丝

（1）两腿自然开立，约与肩同宽，两手臂自然垂于体侧，松胯屈膝下蹲，身体下沉，两臂慢慢自然顺缠外翻在身体左右两侧，上托为双顺缠（①②）。

（2）两手继续上托至额头前变逆缠下按至小腹丹田处（③④）（图3-5-3-10）。

双顺双逆
上下缠丝

①

②

③

④

图 3-5-3-10

循环往复、双顺双逆、上下缠丝，在运行过程中两眼目视前方（图3-5-3-11）。

① ②

③ ④ ⑤

图 3-5-3-11

第六节　陈式太极混元桩功

一、关于桩功

站桩是中国武术各门派中一项基础性训练，桩功数量达千种之多，然而，众多桩功都有其共同之处，那就是"人体在外形保持一定姿势不变的状态下进行的内修训练"。通过人体内部机理的调整，达到修身、炼意、保气、增力、益智、防病祛病的目的。

二、中国武术众多流派中桩功的名称

· 少林拳中有：

马步桩、弓步桩、虚步桩、跪步桩、骑步桩，以"马步桩"为主。

· 形意拳中有：

浑圆桩、子午桩、降龙桩、伏虎桩、五拳桩等，以"子午桩"为主。

· 八卦拳中有：

定式桩、动式桩、形神八桩、下沉桩等，以"动式八桩"为主。

· 太极拳中有：

无极桩、混元桩、开合桩、缠丝桩、滚球桩等，以"混元桩"为主。

陈式太极桩功：

从本质上讲是无穷的，套路中任一运行轨迹加以固化就可得到无数桩式。反过来，那些连贯性的套路招式是由无数的桩式所组成的，可站固化桩式，也可练动态桩式。

陈式太极拳桩功主要以"无极桩"和"混元桩"为主。

下面主要讲的就是"混元桩"功。

三、练习陈式太极拳桩功的目的

· 让意识迅速入静。

· 让身体、肢体、筋骨、关节快速放松。

· 让身体内在机能、气、血、经络回归正常功能。

· 培养锻炼"内气"。

· 培养锻炼"掤劲"。

总之，站桩主要是锻炼身心，让心态平和，令周身气血顺畅，内外一体，形成整体力。同时，气血顺畅，经络畅通，即达到养生防病、强身健体、培植元气、增加力量、内健外强的效果。

四、陈式太极拳桩功对身体各部位的要求

1. 对外形的要求

（1）对头和颈部的要求

> 百会穴虚领，下颌要微合
>
> 眼睛留一线，平视正前面
>
> 颈后两大筋，一定要放松
>
> 舌尖顶上腭，牙唇微微合
>
> 鼻呼吸为主，嘴呼吸为辅

（2）对躯干和上肢的要求

> 背要直，胸微含，小腹松，腰塌下
>
> 臂抬起，肘弯曲，抱胸前，腋半虚
>
> 手心内，指尖对，虎口圆，腕部松
>
> 手高处，不过肩，手低处，不过脐
>
> 手离胸，一尺距，不能顶，不要丢
>
> 两手间，一卡齐，手指间，似夹烟

（3）对下肢和脚的要求

> 两髋内吸，两膝微屈
>
> 两脚平行，与肩同齐
>
> 肩井涌泉，上下相合
>
> 脚周抓地，心空泉虚

2. 对内在的要求

（1）对"意""气"的要求："意"，包括思想、感情、意识、思维等活动。"气"，是元气。

意念集中于一点或一物，无念无欲，勿忘勿助，没有一丝一毫杂念，才能开动气机，产生更多的元气，因为元气是通过意念导引产生的，所以叫作"意引气"。

要想更多地产生元气，就要正确使用各种导引法，通过"松静、意守、调息"三关。

（2）对经络的要求：中医学认为，经络是人体内在气血运行的通道，穴位是经络在人体表面的反应点。所以人体内在气血运行得怎么样，穴位起很大作用。

桩功中重要的穴位要求是：

· 上吊百会穴，下坠会阴穴。

· 两会（百会，会阴）一点（两脚涌泉穴连接线中间点）一垂线。

· 肩井、涌泉上下虚虚相对。

· 劳宫穴、曲池穴、膻中穴形成混元。

· 命门穴（也就是我们的腰眼）不能凹陷，腰眼凹陷，叫断腰，上下气不易通。通过立身中正，松胯，使其凸出些，气血才能上下通畅。

3. 对呼吸的要求　站桩前期呼吸不刻意去求，要自然，随着功力的增强，逐步达到柔、匀、细、深、长为主的腹式呼吸。

正确规范的桩功必须达到呼吸、意识、外形三者紧密结合，形成内外合一，才能达到锻炼的目的。

五、陈式太极拳站桩中的常见错误

1. 低头　百会穴没有领起，脖子后两大筋没有放松，容易压迫神经，造成气血不通畅。

2. 挺胯直膝　容易让人疲劳，不能久站，易引起静脉曲张。

3. 稍蹲（坐）即起　初期屈膝松胯了，但坚持不久便直立起来。

4. 超长站桩　站桩时长应从2~3分钟到半个小时最适宜，超长时间站立，也易引起静脉曲张。

5. 身体僵硬　骨节、肌、筋不会放松，不能松静。

6. 呼吸气促　体不松，心不静，气不顺，呼吸紧张。

7. 脚不知道怎么站　脚用力不正确，要么脚趾勾地，要么脚跟用力踩，都不正确，容易造成前倾后仰、左右歪斜的现象。

8. 站桩环境不对　站桩的地方要求空气清新（无废气和有害污染气味），且无噪声。

六、陈式太极拳站桩时的正常表现

1. 昏沉感觉　当大脑入静后，会有一种恍惚的感觉，昏昏沉沉，这是正常现象。

2. 生根之感　当头顶天，脚踏地，一动不动站立时，两脚沉下来有入地之感。

3. 热的感觉　站桩时身体中似有一股热流在游行，或者全身发热，并有微汗，这是血流通畅的好现象。

4. 膨胀的感觉　这是气血运行过程中动脉、静脉和毛细血管扩张的正常反应。

5. 酸的感觉　全身各部位有肌肉发酸和痛的表现，尤其是两肩，这也是正常反应，随着时间增加会逐渐自行消失。

6. 痛的感觉　部分有慢性病的患者，初练时似有病情加重的感觉，这是站桩时气血冲击病灶的良性反应，一般情况下暂时不要管它，坚持站下去，不适的感觉会慢慢减轻或消失。

7. 响的感觉　肌肉、内脏、骨骼关节都有不同程度的响、动、鸣叫，或打呃、肠鸣、放屁、打哈欠、流眼泪，这都属正常的站桩现象。

8. 沉重的感觉　站桩时常会有一种浑厚、沉重的反应，感觉重心慢慢在下沉，身体感觉在微微晃动，这是一种好的表现。

9. 喜悦的感觉　站桩时，会有一种心旷神怡的感觉，遇到这种现象要淡然处之。

10. 整的感觉　站桩中，当你站到一定的时候，会感觉到整个身体和自然融合在一起，"天人合一"，这就是整的感觉，也就是达到了站桩中的最佳状态。

七、习练陈式太极拳桩功的五个阶段

1. 第一阶段：初级阶段（也叫熟悉阶段）　站桩初期，大部分人都不习惯意、气、形相对静止的状态，心平静不下来，气不顺，形不齐，并伴有种种不舒服的感觉。胳膊、肩、头、腰、脚会有酸痛劳累的感觉，会有心乱如麻之感。

2. 第二阶段：寻找感觉阶段（也叫磨合阶段）　这一时期，从不习惯到逐渐适应，大脑开始入静，呼吸也顺畅了，身体各部位的酸痛感慢慢消失，身体的局部也开始有明显的热、胀、麻的感觉了。

3. 第三阶段：困惑阶段（也叫正邪碰撞阶段）　为什么叫"困惑阶段"，是因为有慢性病的患者站桩站到这个阶段会出现疾病加重的感觉，身体原来有病变未发现者，现在的病灶出来了，身体也出现了种种异常不良反应，甚至有些人站桩久了还会出现淤胀现象。这都是站桩时正气冲击病灶的邪气产生的反应，一般情况下，不用害怕，继续站下去，正气会逐步战胜邪气，有助于疾病康复。

4. 第四阶段：完善状态阶段（也叫习惯阶段）　当站桩者站到病情向好的方向发展或者病症基本消失时，站桩已成为你生活中不可缺失的一部分，缺少站桩就像生活中少了点什么，站桩成了一种享受。

5. 第五阶段：高级阶段（也叫"天人合一"阶段）　当站桩中感觉和大自然融为一体、"天人合一"时，你的内心和身体已经形成一种"完美"的整合力，进入最佳的状态。

八、从中医经络学说探讨陈式太极混元桩功养生的机理

《黄帝内经》指出："经脉者，所以能决死生，处百病，调虚实，不可不通。"

经络系统在生理上可以运行气血，协调阴阳，在病理上可以抗御病邪，反映证候，在疾病防治上可以传导感应，调整虚实。经络系统决定人的生死与疾病，经络畅通人体就健康，所以说，经络畅通是修身立命之本。

陈式太极混元桩养生的原理就是刺激人体经络穴位，保证经络畅通。

站桩时的"虚领顶劲"，调动头顶百会穴；"臂与掌"环抱胸前，调动了双手劳宫穴；"屈膝松胯"，调动两腿足三里穴；脚掌四周虚虚抓地，调动了两脚涌泉穴；周身放松、含胸、塌腰、圆裆，调动了任督二脉。

这样看来，站桩时，人体从头顶到脚底的经络穴位都充分调动起来了。再加上站桩时，人体身心放松，养身和养心结合起来，看似静静地站着，实则全身经络穴位都有涌动，这是内在的动，是静中的动，有助于健身养生。

外形不动在养身，内意涌动在养心，养心在静、养身在动，身心锻炼，益寿延年。

九、陈式太极混元桩功"三字经"

站桩功，极容易，自然立，脚平行。
两脚距，同肩齐，膝关节，微弯曲。
两脚底，虚踏地，脚心空，涌泉虚。
小腹松，腰背直，胸微含，眼平视。
眼半闭，也可以，两手抬，腋半虚。
手高处，与肩平，手低处，不过脐。
手距胸，一尺距，两手间，十厘米。
手指间，似夹烟，嘴微闭，鼻呼吸。
先定神，后立意，麻热胀，手部起。
守住它，莫着急，感觉到，再用意。
顺肢延，走遍体，全身有，不为奇。
时间上，短几分，长半时，最适宜。

十、陈式太极混元桩功示意

包括正面（①）、侧面（②③）、收势（④）（图 3-6-10-1）。

①　　　　　　②　　　　　　③　　　　　　④

图 3-6-10-1

1. 人体上节桩功示意　见图 3-6-10-2。
2. 人体中节桩功示意　见图 3-6-10-3。

图 3-6-10-2

图 3-6-10-3

3. 人体下节桩功示意　见图 3-6-10-4。

4. 全身混元桩功示意　见图 3-6-10-5。

图 3-6-10-4　　　　　　　　图 3-6-10-5

第七节　陈式太极拳聚气功

陈式太极拳聚气功，是我的恩师陈正雷先生在 20 世纪 90 年代推出的一套陈式太极养生功法，包含陈式太极混元桩功、陈式太极采气功法和陈式太极抓气功法。"混元桩功"已单列一章论述，这里只讲"采气功法"和"抓气功法"，这些功法通过意念、动作配合呼吸来完成，练习中可使人体清气上升，浊气下降，吸收更多的氧气。练习后可使人神清气爽，耳聪目明。

一、采气功法

（1）两脚开立，与肩同宽，松胯屈膝，立身中正，全身放松，两臂自然下垂于体侧，头自然正，两目微闭，内视丹田，唇齿微合，舌尖轻抵上腭，自然呼吸（①）。

采气功法

（2）两臂慢慢自然顺缠外翻向左右两侧上升，与头顶相平，吸气（②）。

（3）两手继续上托升至额头前逆缠相合，手掌心朝下，吸气尽（③）。

（4）转呼气，两手掌随身体下沉缓缓从身前下沉，按至丹田处稍停默数 1、2、3，然后继续放松下沉，意念中气已沉到脚底涌泉，呼气终（④）。

（5）两手往身体两侧分开，合于两大腿外侧，继续上升吸气，下沉呼气。反复练习，使身体内部有上下贯通之气感。如图 3-7-1-1 所示。

对该功法的练习要求：

在练习时，呼吸要深长、匀细。如初学者不易做到，不必强求，随呼吸自然动作。吸气时，采天地清灵之气，由百会贯于丹田，充实全身，行于涌泉，循环不已；呼气时，体内浊气、病气自然排出体外。

图 3-7-1-1

二、抓气功法

（1）身体保持立正状，松胯屈膝，含胸塌腰，头自然正，颈部放松，唇齿微合，舌尖抵上腭，眼平视前方，自然呼吸（①）。

（2）身体微右转，右脚尖外摆75°，提左脚向左前方30°开步，两手向右后方掤起，形成对称（②），重心由右腿移到左腿成左弓步，两手左逆右顺缠，走下弧向前合于右腹前，两手不停走上弧向前推出，目视前方，为呼气（③）（图3-7-2-1）。

抓气功法

①

②

③

图 3-7-2-1

（3）两手掌推至与左肩同高时，两掌变拳抓气下沉（①），重心走弧线后移，两拳往下往后收于丹田处，目视前方，此时为呼气（②③）。

（4）随呼气双拳变掌由丹田走上弧前推（④⑤）（图3-7-2-2）。

图3-7-2-2

对该功法练习要求：

上述动作可反复练习，在身体左右侧均可（图 3-7-2-3），在虚实转换中要做到身法圆转自如，丹田与命门相吸相通。

图 3-7-2-3

第八节　陈式太极拳六首四象基础功

该套路是陈式太极拳入门功法，也是陈式太极拳最短的套路，由太极拳五个动作加上最后收势，共计六个动作组成，在四个方向转换反复练习，3分钟内在2平方米的空间就可以练习一遍。这几个招式是太极拳的精华动作，被太极拳界称为"太极拳母式动作"。整个套路动静结合，内外兼修，长期练习不但可强身健体，还可祛病养生。该套路便于初学者快速掌握，使习练者在最短的时间内真正体悟到太极身心同修的奥妙。

一、动作名称

· 第一式：太极起势　· 第四式：六封四闭
· 第二式：金刚捣碓　· 第五式：单鞭
· 第三式：懒扎衣　· 第六式：收势

六首四象基础功1　六首四象基础功2

二、动作运行路线

陈式太极拳六首四象基础功动作运行路线如图3-8-2-1所示。

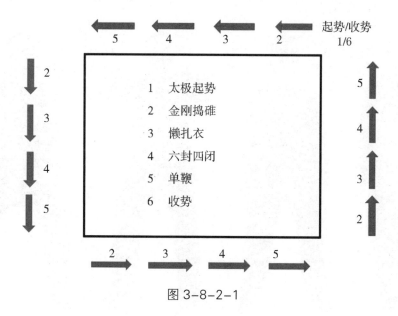

图 3-8-2-1

三、动作图解

第一式：太极起势

（1）两脚并立，成立正姿势，两臂下垂于身体两侧，手心向内，头自然正直，唇齿微合，舌尖轻抵上腭，两眼平视（①）。

（2）松胯屈膝，放松下沉，提左腿向左横开一步，略宽于肩，脚尖微外摆，脚趾、脚掌外缘、脚后跟皆要抓地，涌泉穴要虚，含胸塌腰，松肩沉肘，立身中正，头自然正直，虚领顶劲，两眼平视（②）。

（3）两臂缓缓上抬与肩平，手心向下，松肩沉肘；随两臂上抬，身体慢慢下降，两脚踏实，两眼平视（③）。

要求：当两臂上抬、身体下降时，胸、背、肋、腹腔各部肌肉均要松弛下沉，促使心气下降，切忌肩上耸，横气填胸。此动作吸气。

（4）身体继续下沉，松胯屈膝，两手随身体重心下降下按至腹前，手心向下，两眼平视（④）。如图 3-8-3-1 所示。

【要点】

（1）横开步时，重心先移到右腿，提左脚开步，脚尖先着地，慢慢踏平，周身放松，气沉丹田，降于涌泉，松胯屈膝。下沉时呼气。此时脑空心静，思想高度集中，心中无一所念，浑然一片，如入无极景象。

（2）两手下按时，要立身中正，切忌弯腰凸臀，裆部要松、虚、活。下蹲时，如坐凳子一样。此动作呼气。

①　　　　②　　　　③　　　　④

图 3-8-3-1

第二式：金刚捣碓

（1）身体微向左移，两手左逆缠右顺缠，走弧线向左前上掤出，左手掤至左膝上方与眼平，手心朝外；右手掤至胸前中线，手心朝上；目视左前方（图3-8-3-2）。

① ②

图 3-8-3-2

（2）重心移至左腿，右脚尖外摆，身体右转90°，两手左顺右逆缠向右后捋（图3-8-3-3），目视左前方，此动作呼气。

图 3-8-3-3

（3）重心移至右腿，左腿提起，里合扣裆，松胯屈膝，身体下沉且微向右转，两手上掤，目视左前方（①②③）。左脚跟内侧着地，向左前方铲地滑出，脚尖上翘里合，重心在右侧（④⑤）。两手继续向后上方加掤劲，目视左前方（图3-8-3-4）。

①   ②   ③

④   ⑤

图 3-8-3-4

（4）重心由右腿移到左腿，左脚尖外摆踏平。身体随重心移动，向左转45°，两手左逆右顺缠，走下弧向前掤，左手掤至胸前，手心朝下；右手下沉至右膝内侧上方，手心朝外，指尖朝后，目视前方（图3-8-3-5）。

（5）左手向前撩掌，向上再向内环绕合于胸右小臂内侧（①）；右手领右脚弧线向前上托掌于右胸前与左手相合，左手心朝下（②）。右脚经左脚内侧向前上步，脚尖点地，重心在左腿，目视前方（图3-8-3-6）。

图3-8-3-5

①　　②

图3-8-3-6

（6）左手顺缠外翻下沉于腹前，手心朝上，右手握拳下沉落于左掌心内，拳心朝上，目视前方；虚步抱拳沉于腹前（图3-8-3-7）。

图3-8-3-7

（7）右拳不停逆缠向上提起，与右肩平，左腿松胯屈膝，提起右腿旋于裆内，脚尖自然下垂，目视前方（图3-8-3-8）。

图3-8-3-8

（8）右脚震脚落地，脚掌踏平，两脚间距约与肩同宽；右拳顺缠下落于左掌心，两臂撑圆，目视前方（图3-8-3-9）。

图3-8-3-9

【要点】

（1）上掤转体时，要结合裆腰劲，松胯塌腰，劲贯手掌。此动作吸气。

（2）左腿上提，身体下沉，上下相合，切忌弯腰凸臀，此动作吸气；向前开步时，身法要端正，左脚向左前开步，两手向右上掤，形成对称，此动作呼气。

（3）转身、移重心、手前掤要协调一致。塌腰旋裆，裆走下弧向前。左臂保持半圆，掤劲不丢；右臂切勿夹肘，与身体要有一定距离。左膝与左脚跟上下对照，右腿松胯屈膝，保持裆劲圆活。此动作先吸气后呼气。

（4）上步时，要松胯屈膝，轻灵自然、稳重，两手与身体有上下相合之意。此动作吸气。

（5）提腿时身体要下沉，有上下相合之意；提拳时要松肩沉肘，促使内气下降，支撑要稳。此动作先呼气再吸气。

（6）右拳、右脚同时下沉，震脚发劲，松胯屈膝，气沉丹田。此动作呼气。

第三式：懒扎衣

（1）身体微左转，重心右移。右拳变掌，逆缠上掤于头右侧，左手逆缠下按到左胯侧，目视左前方（图3-8-3-10）。

图 3-8-3-10

（2）两手由双逆缠变双顺缠划弧交叉于胸前，左手合于右臂内，手心朝外，右手心朝上；重心移到左腿，提右腿向右横开一大步，脚跟内侧着地，脚尖上翘里合，目视身体右方（图3-8-3-11）。

图 3-8-3-11

（3）身体左转，重心右移，右手顺缠上掤（图3-8-3-12），目视左前方。

要求：移重心时裆走后弧，左肘掤劲不丢，右腋不能夹死，有圆虚之感。此动作吸气。

图 3-8-3-12

图 3-8-3-13

（4）身体向右转，右手逆缠外开至右膝上方，松肩沉肘，略变顺缠，指尖高与眼平；左手顺缠经腹前至身体左侧，变逆缠叉腰，四指在前，拇指在后。重心在右腿，眼先随右手后转视前方（图3-8-3-13）。

【要点】

（1）右拳变掌上掤时，先塌腰旋转，以身催手，弧线上掤，与左手下按配合，形成开劲。此动作吸气。

（2）手合脚开同时进行并协同一致，手到脚到，开步要轻灵自然。此动作呼气。

（3）开右手时，以腰催肩，劲到松肩，以肩催肘，劲到沉肘，略坐腕，劲贯于指尖。松胯塌腰，开裆要圆，右实左虚，右膝与脚跟上下对照，不能前倾、后倒、外撇；左腿挺而不直，膝微屈，脚尖内扣。立身中正，舒展大方。此时继续呼气。

第四式：六封四闭

（1）身体右转，重心略右移，左手找右手，从腰间走上弧与右手相合；右手略前引下沉（图3-8-3-14），目视右手中指端。

① ②

图3-8-3-14

（2）身体左转，重心左移，两手左逆右顺缠，自右而向左下捋，目视右前方（图3-8-3-15）。

（3）身体继续左转，两手继续左逆右顺缠，向左上方捋，重心右移，两手变左顺右逆缠向上划弧，合于左肩时，身体略右转，目视右前方（图3-8-3-16）。

图3-8-3-15　　　　　　　　　　图3-8-3-16

（4）重心不变，身体微右转下沉，两手合力走弧线向右前方按，左脚收于右脚内侧 20 厘米处，脚尖点地，目视右前下方（图 3-8-3-17）。

①

②

【要点】

（1）左手与右手相合时，与身体右转、重心右移相合，两手坐腕接劲。此动作吸气。

（2）开始下将时呼气，重心下沉，塌腰，两手合劲不丢，加外掤劲。将时吸气，两手不能偏后，右臂掤劲不能丢。此动作先呼后吸。

（3）在由将变按时，两手下将上合，均由裆腰左移右移，松肩沉肘，旋腕转膀，使劲不丢不顶，圆转自如，转折顺遂。此动作继续吸气。

（4）双手下按时，要松胯塌腰，松肩沉肘，两手合力下按与身体下沉要协调一致。此动作呼气。

③

图 3-8-3-17

第五式：单鞭

（1）身体微向右转，两手双顺缠，左前右后旋转。重心在右，左腿以脚尖为轴，膝随身转里合，目视两手（图3-8-3-18）。

① ②

图 3-8-3-18

（2）身体左转，重心在右，左腿以前脚掌着地，膝随身转外摆；右手逆缠，五指合拢变勾手，走弧线，腕向上提与肩平；左手心朝上，随转身下沉于腹前，左肘掤劲不丢（图3-8-3-19），目视右手。

① ② ③

图 3-8-3-19

（3）身体右转，重心全移于右腿，左腿屈膝提起，左膝内扣；右手腕领劲，左手不动，松肩沉肘，上下相合，目视左前方（①）。右腿支撑重心，左脚跟内侧着地，向左铲地滑出，脚尖上翘里合，右手腕领劲，左手下沉合劲，目视左前方（②）（图3-8-3-20）。

①　　　　　　　　　②

图 3-8-3-20

（4）身体微左转，重心左移，成左弓步（①）。身体微右转，重心右移，成右弓步（②）（图3-8-3-21）。

①　　　　　　　　　②

图 3-8-3-21

（5）左手穿掌上掤逆缠外翻至右胸前，目视斜前方（①）。身体微左转，左手逆缠外开至左膝上变顺缠放松下沉，目光先随左手中指至左然后平视前方（②）（图3-8-3-22）。

图 3-8-3-22

【要点】

（1）两手旋转时要圆活，不能有抽扯之形。此动作吸气。

（2）右手变勾手上提时，身体旋转，塌腰，松肩，沉肘，以腰为轴，节节贯通。此动作为开，呼气。

（3）右腿支撑重心，上下相合，切忌弯腰凸臀。此动作为合，吸气。

（4）立身中正，掤劲不丢，此动作为开，呼气。

（5）移重心时，裆走外下弧线，旋转移动，左膝不能超出左脚尖；左手外翻时不能挑肩、架肘。此动作吸气。

（6）左脚尖外摆，或脚尖内扣，屈膝松胯，立身中正，虚领顶劲，松肩沉肘，两臂与两腿有上下相合之意。此动作为外开内合，呼气。

第六式：收势

（1）右勾手变掌，两手向左右下分，身微下沉，松胯屈膝，目视前方（图 3-8-3-23）。

（2）两手同时向左右划外弧合于两肩前，目视前方（图 3-8-3-24）。

图 3-8-3-23

①

②

图 3-8-3-24

（3）两手顺身体两侧缓缓下按于两大腿外侧，目视前方（图3-8-3-25）。

图 3-8-3-25

（4）身体慢慢立起，左脚收至右脚内侧成并步，恢复到自然站立姿势，目视前方（图3-8-3-26）。

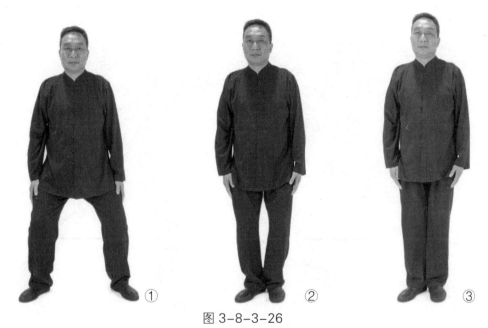

图 3-8-3-26

【要点】

（1）两手分开，身体下沉，切勿弯腰。此动作先吸气后呼气。

（2）两手上升，松肩沉肘，胸、腹、背各部肌肉均松弛下沉。此动作吸气。

（3）两手下按，呼气，周身放松，气归丹田，意形归原。一套拳练完，心平气和，自始至终，一气贯通。

以上六式注意要点：

（1）该功法中起势和收势各做一次，分别为开始和收尾时。

（2）每个方向最后一个动作为"单鞭"。

（3）转换方向时，从"单鞭"转换成"金刚捣碓"时，动作稍有变化，具体如下：

其一，接"单鞭"（图 3-8-3-27）。

动作一：身体向左移，重心左移；右手勾手变掌走下弧与左手相合（图 3-8-3-28）。

动作二：身体再向右转，重心由左腿移向右腿；两手走弧线向右后方捋，手心朝外，目视左前方（图 3-8-3-29）。

图 3-8-3-27

图 3-8-3-28

图 3-8-3-29

其二，该套路中每个方向五个招式，转换方向时，由"单鞭"到"金刚捣碓"时，向左转，转换的角度应为90°，每个方向都是如此转换（图3-8-3-30）。

（4）收势时转到起势一个方向。

图 3-8-3-30

第九节　陈式太极拳二十六式养生功

一、动作名称

第一式：太极起势

第二式：金刚捣碓

第三式：懒扎衣

第四式：六封四闭

第五式：单鞭

第六式：白鹤亮翅

第七式：斜行

第八式：搂膝

第九式：拗步

第十式：掩手肱拳

第十一式：撇身捶

第十二式：双推手

第十三式：肘底看拳

第十四式：倒卷肱

第十五式：高探马

第十六式：十字脚

第十七式：指裆捶

第十八式：猿猴探果

第十九式：单鞭

第二十式：雀地龙

第二十一式：上步七星

第二十二式：下步跨肱

第二十三式：转身双摆莲

第二十四式：当头炮

第二十五式：金刚捣碓

第二十六式：收势

二十六式养生功 1

二十六式养生功 2

二、动作图解

第一式：太极起势

（1）两脚并立，成立正姿势，身法中正，两臂下垂于身体两侧，手心向内，头自然正，唇齿微合，舌头轻抵上腭，两眼平视（①）。稍停待神定气宁之后，松右胯重心右移，提左脚向左横开半步，两脚平行，略宽于肩。随着左脚踏实，重心移于两腿之间（②③④⑤）。顶劲上领，周身关节肌肉放松，呼吸自然，目视前方（图3-9-2-1）。

①

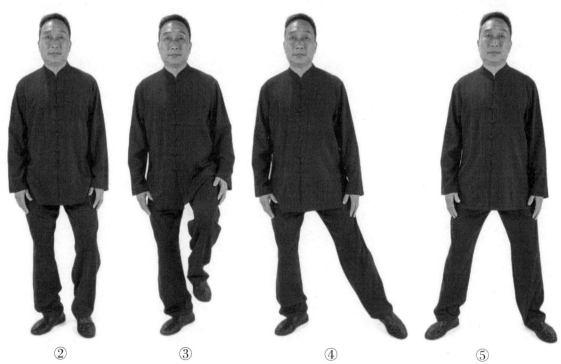

②　　　　③　　　　④　　　　⑤

图 3-9-2-1

（2）松胯屈膝，身体下沉，两臂微屈，手心向下，手背领劲，双手提至高与肩平（①②）。身体继续下沉，两手随之下按至腹前（③）。身法中正，切勿弯腰凸臀，要有如坐板凳的感觉，两眼平视（图3-9-2-2）。

①　　　　　　　　　②　　　　　　　　　③

图 3-9-2-2

【要点】

（1）要求立而不挺，顶劲领起，头要正直，好像头顶有一物，勿让其掉下，虚虚领起，唇轻闭，齿微合，下颏微内收，松肩（两肩有意放松，无意下沉）；含胸塌腰（胸部放松，不内凹外凸，腰部放松为塌腰），使心气下降，松髋屈膝，盆骨端正。

（2）行拳之始，先洗心涤虑，去除妄念，平心静气，以静寓动，阴阳开合，寓于心腹之内。动作（1）为无极势，并保持1~2分钟后，方可启动下一动作。

（3）静极生动，静至极时，两手一提一按；周身放松，虚实立现，阴阳既分，太极之势已成，此时开始行拳走架，感觉最好。

第二式：金刚捣碓

（1）身体略左转，两手微掤，重心偏右。左手掤起，掌心朝下，手指斜朝左；右手往左上方微掤起，手心朝左，手指斜朝下（图3-9-2-3）。

（2）身体继续左转，两手掤起，重心移至右腿。左手掌根与肩同高，手心朝前，手指斜朝前；右手掤至胸前，手心朝上，手指斜朝前（图3-9-2-4）。

图 3-9-2-3

图 3-9-2-4

（3）接着身体右转，重心移至左腿，以右脚脚跟为轴，脚尖翘起外摆，同时两手向右上方平掤，置于身体前方，右手略高于肩，掌心斜朝前朝外，指尖斜朝上；左手高于右手，掌心朝右，指尖斜朝上（图3-9-2-5）。

图 3-9-2-5

（4）身体向右微转，放松下沉，重心控制在右腿，并将左脚缓缓提起（①）。身体继续向右转，双手向右上方掤出，收左腿合于右腿侧，左脚虚步点地合于距右脚正中 30 厘米处（②）（图 3-9-2-6）。

①   ②

图 3-9-2-6

（5）身体略下蹲，左脚尖翘起，以脚跟内侧着地，向左前方45° 铲地滑出；双手仍外掤，与左脚有对称之意（图3-9-2-7）。

图 3-9-2-7

（6）身体微左转，重心由右腿移至左腿，左脚掌踏实，同时左手内旋向前掤至胸前，手心向下；右手外旋合于右腿前，掌心斜朝前，指尖斜朝下（图3-9-2-8）。

图 3-9-2-8

（6）身体左转，右脚跟步，以前脚掌着地；同时右手向前撩起，置于右胸前，掌心朝上，指尖向前；左臂屈肘向前挤出；当右手撩起时，左掌先转腕上撩，再向里合于右小臂上，掌心斜朝下，指尖向右（图3-9-2-9）。

（7）左手外旋向下，置于腹前，掌心朝上，指尖向右（离身体10厘米）；右手变拳，上提于胸前，拳心向里，再向下落于左掌心内（图3-9-2-10）。

图 3-9-2-9　　　　　　　　　　　图 3-9-2-10

（8）左腿支撑体重，右拳与右脚一齐提起（两髋放松）；左掌略下沉（图3-9-2-11）。

（9）右脚落地震脚，同时，右拳落于左掌心内，目视前方（图3-9-2-12）。

图 3-9-2-11　　　　　　　　　　　图 3-9-2-12

【要点】

（1）何为金刚捣碓？主要是借用神话传说。神话曰：金刚神名修炼之精，金刚之手持握降魔杵，此式右手捏拳如杵之势，左手屈如臼之形，右拳落于左手心中，如石杵捣碓。故名金刚捣。最后震脚与右拳击于左掌心内，即表示这一拳式结束。

（2）缠丝劲是构成太极拳的核心，贯穿于一切动作过程的始终，此式经过了五对不同方位的缠丝（里外、上下、左右、前后、大小），练习时要以身领手，达到上下相随，节节贯通。如只注意手上的顺缠和逆缠，而不注意身法，就会适得其反。

（3）左脚向左前方伸出，要如临深渊，如履薄冰，轻而不浮（陈式太极拳凡是开步皆如此）。

（4）右拳落于左掌心内，与震脚要协调一致，劲整，气下沉。

（5）震脚的作用，是使全身的气向下沉，并有利于血液循环。譬如，站立过久感到疲乏，而环境又不允许走动时，两脚以脚尖点地，将脚跟提起，再落下微震，这样运动数次，同样能收到消除疲劳的功效。另外，震脚的轻重，可根据练拳者的年龄与身体的强弱而定，但无论轻或重都应显现出下沉的整劲和气势。劲的整否，还可根据震脚声判断。

第三式：懒扎衣

（1）双手分开，右手先向上，而后向下划弧，左手先向下，而后向上划弧（①②③），左腿微下蹲，同时提起右脚，以脚跟贴地向右横铲滑一步，双手划至胸前交叉，左手在里，右手在外（双手皆大逆缠转开，重心偏右，顺缠而合，重心偏左，身手自然配合）（④⑤），目视右前方（图3-9-2-13）。

①　　　　　②　　　　　③

④　　　　　⑤

图 3-9-2-13

　　（2）身体向右转，重心由左腿移向右腿，随转体右脚踏实；左腿以脚跟为轴，脚尖里扣；左手内旋向下顺缠至左肋旁。五指叉腰，大指在后，四指在前，肘往下沉；右手向左逆缠置于身右侧，掌心朝右前方，指尖斜向上（图3-9-2-14）；目视右前方。

图 3-9-2-14

【要点】

　　（1）右手展开指肚用力，左手叉腰，虚虚拢住，不可用力，用力犯硬，运转不灵。

　　（2）在即将形成懒扎衣时弓右腿，右掌逆缠旋臂向右展开的同时，左腿用力，但膝关节与髋关节皆不可蹬直（套路中任何动作髋部都不可挺直）。

　　（3）懒扎衣定势时，要调整全身，特别注意放松左髋，使盆骨端正，气沉丹田。

第四式：六封四闭

（1）左手上举至胸前与右手接住劲（①），然后，身体略左转，重心由右向左移；同时双手向左捋，左手置于左胸下，掌心向前下方，指尖向右前方；右手掌心朝前上方，指尖向右（②③）；目视右方（图3-9-2-15）。

①

②　　　　　　　　③

图 3-9-2-15

（2）身体继续向右转，重心从背后由左腿移到右腿；双手向左、向下，而后向上、向右划弧，置于左肩前（左手由逆变顺又变逆缠，右手由顺变逆），右掌心朝前下、指尖向左，左掌心朝右前、指尖向后；目视右前方（图3-9-2-16）。

图 3-9-2-16

（3）双手向右斜下按出，右手在前、掌心朝左前方，左手在后、掌心朝右后方，指尖向上；同时左脚跟步至右脚内侧，前脚掌点地（图3-9-2-17）；目视右斜下方。

图 3-9-2-17

【要点】

（1）两手由捋转按，要以腰脊为轴在左右转动时上体仍须正直，不要前俯后仰；两掌向右按时，以右掌为主，左掌为辅；气要贴脊背，裆口要圆。

（2）重心由左腿移向右腿，两手合劲于左胸前时吸气；向右推出时，深长悠缓地呼出一口气；当气呼完时，两掌恰好停止。此式以呼气为主，动作配合为辅。

第五式：单鞭

（1）身体略右转，右掌外旋向里合（顺缠），左掌外旋向前与右掌配合（顺缠）（图3-9-2-18）。

图 3-9-2-18

（2）右手五指捏齐成勾手经左掌心内向右上方掤起，略高于肩，指尖向下；左肘向左开到腹前；重心在右腿，身体微下沉（图3-9-2-19）。

①　　　　　　　　　　　　　②

图 3-9-2-19

（3）身体右转，重心全移于右腿，左腿屈膝提起，左膝内扣，右手腕领劲，左手不动，松肩沉肘，上下相合，目视前方（①）。右腿支撑重心，左脚跟内侧着地，向左铲地滑出，脚尖上翘里合，右手腕领劲，左手下沉合劲，目视前方（②）（图3-9-2-20）。

①　　　　　　　　　　　　　　②

图 3-9-2-20

（4）身体先略左转然后向右转（①），重心由左腿逐渐移向右腿，形成弓步，左手穿掌上掤逆缠外翻至胸前，随转体右脚尖里扣，重心在右（②）（图3-9-2-21）。

①　　　　　　　　　　　　　　②

图 3-9-2-21

（5）身体左转，随转体左掌经脸前向左划弧（由顺缠变逆缠）（①），胳膊展开，掌根微微下沉，掌心朝左前方，指尖斜向上；重心在左，目视前方（②）（图3-9-2-22）。

①　　　　　　　　　　　　　　②

图 3-9-2-22

（6）左掌根下沉时，右手微微向右，形成开劲（外开内合）单鞭式；目视前方（图3-9-2-23）。

图 3-9-2-23

【要点】

（1）右手捏拢向上提时，肘易架起来，因此习练时要注意随着身体转正沉肩、坠肘。

（2）单鞭定势，顶劲要领起，裆要开圆，髋要松，身要正，胸要虚虚含住，方能心气下降，气沉丹田。

第六式：白鹤亮翅

（1）身体左转，左脚尖外摆，右勾手变掌，双手相交合于胸前（图 3-9-2-24）。

（2）身体继续左转，重心完全移至左腿，右手微顺缠外加掤劲（图 3-9-2-25）。

图 3-9-2-24　　　　　　　　　　图 3-9-2-25

（3）身体右转，重心右移；两手同时逆缠外开，左手下按至左膝上方，高与胯平，手心朝下；右手上掤，手心朝外，两臂成半圆弧形。左脚上步收至右脚左前方，脚尖点地，目视前方（图 3-9-2-26）。

【要点】

（1）两手旋转分开时，均走弧线；右手上掤时注意不要挑肩架肘，此动作吸气。

（2）左脚上步时，要虚实分明，轻灵自然。

（3）重心右移，两手分开，随转身并结合腰劲，此动作先吸气后呼气。

图 3-9-2-26

第七式：斜行

（1）身体略向左转，两掌一前一后，右手向左顺缠，置于右前方，手略高于肩，掌心朝前，指尖斜向上；左手向左后方逆缠，掌心朝下，指尖向左前方（图3-9-2-27）。

（2）上动不停，身体继续向右转，重心移至右腿，同时提起左脚，右手向下、向后逆缠至右髋侧，掌心朝下，指尖向右前方；左手向上、向前先逆缠后顺缠，置于左胸前略高于肩，掌心朝右，指尖斜向上，目视左前方（图3-9-2-28）。

图 3-9-2-27　　　　　　　①　　　　　　图 3-9-2-28　　　　②

（3）身体微下蹲，左脚以脚跟贴地向左斜方约45°铲出，左手不动，右臂后展，自然配合。上动不停，身体继续向左转，重心由右腿向前移至左腿，随转体，左掌向下向左划弧于体侧变勾手上提，右掌向上划弧，屈肘于耳侧，目视左前方（图3-9-2-29）。

（4）上动不停，右手向前向右划弧于身体右侧，臂外旋，坐腕立掌，手心斜朝外，指尖斜向上，然后松肩、垂肘、沉髋，左手自然配合；目视前方（图3-9-2-30）。

① ② ③ ④

图 3-9-2-29

① ②

图 3-9-2-30

【要点】

（1）右手向右划弧时，以腰带动肩、肘、手，但幅度较小，同时左手不要跟着向右转。

（2）此式主要技击含意是用左背折靠，所以，身体向左转的幅度也较大，必须将两髋松开，并右腿肚向上掤，但膝盖勿挺直。

第八式：搂膝

（1）身体稍往前，同时左勾手变掌与右掌向下、向前顺缠搂至左膝前。上动不停，重心由左腿移向右腿，同时左脚提收于右腿前，脚尖点地，两膝屈曲，裆劲合住；随着重心的移动双手上捧，而后坐腕于胸前，两掌心斜相对，指尖斜向上；目视左前方（图3-9-2-31）。

①　②

③　④

图 3-9-2-31

【要点】

（1）此式顾名思义是双掌从膝盖下掤起，由开转为合，必须身体先动，而后身体先回，以身领手，虚实分清。

（2）搂膝定势，要含胸、塌腰、坐腕、屈肘、屈膝、圆裆，周身相合。右脚踏稳，左脚虚点，有人欲进之势。

第九式：拗步

（1）身体略向右转，两手右逆左顺缠后下捋，左腿屈膝提起，重心在右腿，目视前方（图3-9-2-32）。

图 3-9-2-32

（2）身体微左转，左腿向前上步，脚跟着地，脚尖上翘，重心在左，同时两手左逆右顺缠向上、向前挪，左手掌心斜朝下，右手掌心朝前（图3-9-2-33）。

图 3-9-2-33

（3）身体向左转，重心由右腿移到左腿，随转体，右腿提起；右掌自上而下划弧（由顺缠变逆缠）合于右小腹前，掌心朝左，指尖斜朝前；左手自下而上（由逆缠变顺缠）屈肘置于脸左侧，高与耳平，掌心朝前，指尖斜朝上（图3-9-2-34）。

（4）身体继续左转，右脚向右斜前方上步，以脚跟领先着地，逐渐踏实后，重心移至右腿；左腿提起向左斜前方上步，身体随上步自左向右转体90°，右手逆缠下沉，左手顺缠上翻划弧变逆缠，与右手交叉合于胸前，目视左前方（图3-9-2-35）。

图 3-9-2-34

图 3-9-2-35

【要点】

此式连续上步动作，身法、步法、手法必须协调一致。

第十式：掩手肱拳

（1）身体略右转，重心左移，两手逆缠自下向左右分开，目视前方（图3-9-2-36）。

图 3-9-2-36

（2）重心右移，身体略左转，右手顺缠上翻，左手由逆缠变顺缠也上翻（图3-9-2-37）。

图 3-9-2-37

（3）右手上翻变拳后合于右腰间，拳心向上，左手立掌合于胸前正中线，目视前方（图3-9-2-38）。

图 3-9-2-38

（4）身体迅速向左转，重心迅速向左移，随转体，右拳内旋速向右斜前方发出，拳心朝下；左肘以同样速度向左后发出（左手置于左胁侧，拳心朝上），与右拳对称；目视前方（图3-9-2-39）。

图 3-9-2-39

【要点】

（1）上三步，在迈第三步时，左手就开始向里与右手相合。

（2）右拳前击和左肘后击要协调一致。发劲要求：劲起于脚跟，行于腿，主宰于腰，发于梢节。这是太极拳的发劲规律，陈鑫《太极拳十大要论》中说："太极拳者，千变万化，无往非劲，势虽不侔，而劲归于一。"这就说明只要掌握其运动规律，在任何角度和部位发力，都能够做得得心应手。

第十一式：撇身捶

（1）双手由拳变掌，双掌左逆右顺在身体左侧外开发劲，同时身体右转螺旋下沉，左脚向外开成大步，目视左侧（图 3-9-2-40）。

①　　　　　　　　　　　　　　　　　②

图 3-9-2-40

（2）松右胯，身体右转，重心右移，同时右掌转臂逆缠走下弧向右，左手顺缠随转身向右，目视左侧（图 3-9-2-41）。

图 3-9-2-41

（3）身体左转，重心左移，同时左手逆缠走下弧向左，右手顺缠随着转身向左。接着重心右移，身向右转，左脚尖稍里扣，左手由掌变拳逆缠顶在左腰际，右手由掌变拳逆缠外翻向上至右太阳穴，左肘尖往前合，目光通过左肘尖视左脚尖（图3-9-2-42）。

① 　 ②

③ 　 ④

图 3-9-2-42

【要点】

（1）在动作将要形成撇身捶时，重心仍须向右偏后移并下沉，但不要过低而满裆，两腿合住劲为宜。

（2）形成撇身捶，右拳、左肘与左脚尖成三点一线。

第十二式：双推手

（1）双手变掌，左掌微顺缠向右上与右掌合住劲。接着重心左移，身向左转，同时双手左逆右顺合住劲走下弧向左挒带，当挒至身体中线时，重心完全移至左腿，提右脚向右前方上步，脚尖点地，目视右前方（图3-9-2-43）。

①   ②   ③

图 3-9-2-43

（2）身体继续左转，重心走下弧右移，同时双手随着转身逆缠合于双耳下，接着重心完全移至右脚，身体右转，左脚弧形向右脚靠近，相距20~30厘米，以脚尖点地，双手随着转身微顺缠合力向右前方推出，肩肘向下松沉，目视前方（图3-9-2-44）。

①   ②

图 3-9-2-44

【要点】

（1）左掌经胸前引右掌，身体略右转，是经左先右的过程，一引即可左转身。

（2）在即将形成双推手时，注意松髋、松肩、沉肘，使气贯指尖。

第十三式：肘底看拳

（1）两脚不动，身体微向左转，随转体左掌向下逆缠置于左髋旁，掌心朝下，指尖向前；右掌内旋向上逆缠置于右前边，高于肩，掌心朝外，指尖斜向上（图3-9-2-45）。

①　　　　　　　　　　　②

图 3-9-2-45

（2）身体继续向左转，随转体，左掌外旋向后弧形而上（逆缠变顺缠），掌心斜朝前，指尖向上；右掌弧形而下（逆缠变顺缠）置于右髋前，掌心朝左前方，指尖斜向下（图3-9-2-46）。

图 3-9-2-46

（3）身体略右转并略下蹲，随着身体右转，左手向前顺缠，同时屈肘下沉于左胸前，掌心朝右，指尖向上；右掌变拳，向里合，经腹前略向上掤（两手形成合劲），拳心向左朝内，拳眼向上，目视前方（图 3-9-2-47）。

①

②

图 3-9-2-47

【要点】

（1）在身体由左转变为右转的同时，两手由逆缠变顺缠，由分变合。

（2）在形成肘底看拳时，腰要塌，气沉丹田，不仅左肘尖与右拳相合，周身上下都须相合。

第十四式：倒卷肱

（1）身体向右转，右拳变掌外旋向后逆缠，左掌外旋向前逆缠，随即身体又向左转，右掌向上、向前逆缠于右耳旁，掌心朝里，指尖斜向上；左掌内旋回带于左肩前，掌心朝右下，指尖向前（图3-9-2-48）。

图 3-9-2-48

（2）身体向左转，左脚向左后方退步，以脚尖先着地，而后全足着地；同时右掌向前逆缠置于身体右前方，掌心朝右，指尖向左上方（①）；左掌向左斜后方逆缠置于左髋侧，掌心朝下，指尖向前（②）（图3-9-2-49）。

图 3-9-2-49

（3）身体右转，重心向左移，右脚跟提起，左掌外旋向上向前逆缠，屈肘于左颌旁，掌心朝里，指尖斜向上；右掌外旋向上逆缠于身体左前方，掌心朝下，指尖向左前方（图3-9-2-50）。

（4）身体继续右转，重心全部移于左腿，右脚以前脚掌擦地向右后方弧形退步，同时左掌向前逆缠置于左前方略高于肩，掌心斜朝前，指尖斜向上；右掌内旋向后逆缠置于右髋侧，掌心朝下，指尖向前（图3-9-2-51）。

图 3-9-2-50   图 3-9-2-51

（5）身体微左转，重心向右移，随转体左掌外旋收至左胸前，掌心斜朝右上方；右掌外旋向上，向前逆缠，屈肘于右耳旁（图3-9-2-52）。

①   ②

图 3-9-2-52

（6）身体继续向左转，重心全部移至右腿（①），随转体左脚经右脚旁，向左后方伸出，脚尖先着地，而后全脚着地（②③），同时，左掌向后顺缠置于左髋侧，右掌向前逆缠置于右前方，掌心朝右前方，指尖斜向上，成左虚步（④）（图3-9-2-53）。

①　　　　　　　　　②

③　　　　　　　　　④

图 3-9-2-53

【要点】

（1）这是唯一的连续后退掌式，退步时是先收而后伸，收脚时双掌合劲，后退时双掌开劲，同时要求上下肢协调配合，腰劲下沉，虚实分明，整个动作无凹凸和中断。

（2）每当向后撤步时，重心移向前腿；转体时，重心移于后腿。

第十五式：高探马

（1）接上式，身体右转，两掌左顺右逆往身体右侧后捋，重心移于左腿（图3-9-2-54）。

图 3-9-2-54

（2）右脚跟为轴，脚尖内扣，身体向左转，重心移于右腿，左脚后扫荡脚收于右脚旁，前脚掌着地；右掌同时向下向后、向上先逆缠后顺缠，再逆缠经右颌旁，向右推出，掌心朝右前，指尖斜向上；左掌外旋向前、向下、向左顺缠，屈肘置于左肋侧，掌心朝上，指尖向右，目视右手（图3-9-2-55）。

①

②

图 3-9-2-55

【要点】

（1）在右掌转臂屈肘附于右颌旁时，以腰背旋转，并与左掌配合，先卷后放，要塌腰松髋。

（2）此式前后开中有合，步法复杂，重心转换有难度，一定要腰胯协调配合好。

第十六式：十字脚

（1）左掌向上逆缠，右掌向下顺缠，双掌于胸前交叉，右手在外，左手在里（①）。接着重心移至右脚，左脚抬起向左前方迈步，以脚跟着地；同时左掌向下划弧，掌心斜朝下，指尖斜向前；右掌向上划弧于右上侧，高与头平，掌心斜朝右，指尖斜向上；目视前方（②③④）（图3-9-2-56）。

①

②

③

④

图 3-9-2-56

（2）重心由右向左移，随重心左移，身体左转，左掌向上、向右划弧，与右脚相拔合住劲；右掌向下、向左划弧合于左肘下，掌心朝下，指尖向左（图3-9-2-57）。

①　　　　②

图 3-9-2-57

（3）身体微下蹲，重心控制在左脚，右脚朝左前方提起，向右做扇形外摆，脚尖里扣，左掌向左与右脚相迎击；目视前方（图 3-9-2-58）。

①　　　　②

图 3-9-2-58

【要点】

（1）此式是以手形成十字，以左手击右脚，顾名"十字脚"。

（2）左脚向左前方开步，先脚跟着地，随身体左转重心转左腿时，逐步脚尖踏实，左髋坐下，使右脚在身体不向上提的情况下，用腰劲将右腿提起外摆，这样可以做到虚实分清，上下相合。

第十七式：指裆捶

（1）身体随右手下斩向右转略 90°，左脚以脚跟为轴，脚尖向里扣，右腿提起悬于裆内（图 3-9-2-59）。

图 3-9-2-59

（2）身体略右转，右脚落地震足，随即左脚提起向左前方伸出，以脚跟着地；左掌向下、向右划弧置于左前方，掌心斜朝下，指尖斜向前（①）；右掌变拳合于右髋侧；目视前方（②）（图 3-9-2-60）。

①

②

图 3-9-2-60

（3）身体向左转（快速），重心由右向左移，右拳内旋向右前下方快速发出，拳心斜朝下；左肘以右拳发出的同样速度，向左后发出与右拳对称；目视右下方（图3-9-2-61）。

图 3-9-2-61

第十八式：猿猴探果

（1）重心先略右移，再全部移至左脚，身体略向右转再向左转，左手变拳，双拳微逆缠。随即抬起右脚，右拳外旋向上置于右前方，略高于肩，拳心朝里；左拳置于左肋前，拳心斜向里；目视前方（图3-9-2-62）。

①　　　　　　　　②

图 3-9-2-62

（2）身体向左转，右脚向右侧伸出，右脚着地，身体略右转，重心移于右脚；接着，左腿收于右脚内侧，同时，双拳变掌内旋向后经耳向右下推出，目视右斜下方（图3-9-2-63）。

①　　　　　　　　②　　　　　　　　③

图 3-9-2-63

第十九式：单鞭

动作与第五式"单鞭"相同（图3-9-2-64）。

图 3-9-2-64

第二十式：雀地龙

（1）身体微右转，随即向左转，两手握拳，右拳外旋向下，经腹前向左顺缠上撩，左拳内旋向下逆缠，两拳屈肘后合于胸前，拳心朝上，目视前方（图3-9-2-65）。

图 3-9-2-65

（2）身体向右转，重心由左向右移并下蹲，左脚脚尖翘起向前伸，随转体左拳外旋前伸于小腿内侧，拳心朝上；右拳向右上划弧并沉肘，目视前方（图3-9-2-66）。

图 3-9-2-66

【要点】

　　在重心由左脚移向右脚，左脚前伸时，气要下沉，身体下蹲要松腰落髋，随气沉而下，决不可挺胸或使僵劲硬下蹲，蹲下仍要有将要上冲之意。

第二十一式：上步七星

（1）右腿蹬起，重心前移成左弓步，左拳向前、向上弧形上冲，高于肩，拳心朝里；右拳拳心向上，顺缠下合于右腰间，目视前方（图3-9-2-67）。

图 3-9-2-67

（2）上动不停，身体左转，重心全部移至左腿并微蹲，右脚跟上一步于左脚内侧，右膝微屈，脚尖点地；同时右拳顺缠而下，向前经左腕外侧冲起，两拳腕部于胸前交叉，拳心皆朝里；目视前方（图3-9-2-68）。

（3）身体微下沉，松肩，两肘微上掤，双拳逆缠下沉（图3-9-2-69）。

（4）两肘下沉里合，双拳变掌下塌（图3-9-2-70）。

图 3-9-2-68　　　　　　图 3-9-2-69　　　　　　图 3-9-2-70

【要点】

（1）在左拳上冲成左弓步时，注意有腰裆劲，身体放松，不可挺胸上拔。

（2）"上步七星"又名"七星拳"。所谓七星是指七个关节，即右拳、右肘、右肩、头、左肩、左肘六节助左拳上冲，同时上步，故称为"上步七星"。

第二十二式：下步跨肱

（1）身体略下蹲，双掌斜向下，向里、向前逆缠一小圈，两肘下沉，两掌心朝下，指尖斜向上；左脚朝右后方伸出，右脚跟着地，两臂在身体两侧往胸前自然合拢（图3-9-2-71）。

① ②

图 3-9-2-71

（2）身体右转，重心移向右脚，双掌向下分向左右两侧，随即而合于胸前，提左脚向右前上步于右脚前，足尖点地，目视前方（图 3-9-2-72）。

图 3-9-2-72

【要点】

在双手向下分时，腰劲塌下，两臂莫失掤劲。当两手由分转为合时，松肩沉肘，后背放松，收回左足，两肘相合，两膝相合，气归于丹田。

第二十三式：转身双摆莲

（1）以右脚跟为轴，脚尖外摆，身体向右转约90°，右掌内旋向上逆缠，屈肘于胸前，掌心朝下，指尖向左；左掌内旋向下顺缠于左膝外侧，掌心朝下；接着身体继续右转约180°，随转体左脚提起，身体下蹲，左脚向左前方伸出，脚跟着地，两掌左下右上向右上方掤起，再左逆缠右顺缠落于身体右侧，两掌心斜向下，指尖朝右，目视前方（图3-9-2-73）。

图 3-9-2-73

（2）身体左转，重心全部移至左脚，右脚向左前方提起，两掌向后摆，随即腰向右转，右脚向右后方做扇形外摆，两掌向前迎击右脚面；目视右前方（图3-9-2-74）。

【要点】

接上式，重心仍控制在右脚，左膝要与右膝合住劲，借转身的惯性，即将右脚提起。

图 3-9-2-74

第二十四式：当头炮

（1）右脚落于右手方，双掌一齐向左前方微按，接着身体向右转，重心由左脚移向右脚，双掌朝右后方挒，当双掌挒到右腹前时，两掌变拳向左前方发出，双拳心皆朝里；目视左前方（图3-9-2-75）。

①　②　③　④

图3-9-2-75

【要点】

（1）双摆后，右脚向右后伸，双掌向左前微按，要有上下配合之意，并且要同时完成。

（2）双拳向左前方发劲时，需先将向后挒的身法调整过来，再向前发，并且运用的是抖劲，这更需要上下配合、恰当、松活、弹抖，才能将劲发于双拳。

第二十五式：金刚捣碓

（1）身体微左转随即右转，重心向右移，双掌向上、向右、向下、向前弧形掤起，左掌屈肘于胸前，掌心朝下；右掌置于右膝上方，掌心斜朝上（图3-9-2-76）。

①　　　　　　　　　　　　　　②

图 3-9-2-76

（2）附：如下动作与第二式"金刚捣碓"（6）至（9）动作相同（图3-9-2-77）。

①　　　　　②　　　　　③　　　　　④　　　　　⑤

图 3-9-2-77

第二十六式：收势

（1）右拳变掌，接着两掌向左右两侧顺缠，两掌心相对，身体也微微上升，同时悠缓而又深长地吸一口气（图3-9-2-78）。

图 3-9-2-78

（2）两掌内旋向上、向下逆缠，屈肘置于胸前，掌心朝下，指尖向前，由吸气变呼气（图3-9-2-79）。

①　　　　　　　　　　　　　②

图 3-9-2-79

　　（3）接着，松髋屈膝，重心下降，两掌随重心下降落于两髋侧，同时悠缓地呼出一口深长之气，随即身体缓缓起立，恢复预备姿势（图3-9-2-80）。

①

②

③

④

图3-9-2-80

【要点】

　　此式是练完整个套路，以深深地吸一口气又缓缓地呼出作为动作的结束。它要求在呼吸时特别注意先将膝关节和髋关节微屈，身体随之下降，以呼吸为主，动作配合为辅，达到最后收势沉心静气，恢复预备姿势。

后　记

太极拳在医疗康复方面的作用受到了世界各国的普遍关注，在近 40 年的发展过程中，已在全球多个国家迅速发展普及，许多国家的高等学府和相关科研机构从医学角度把太极拳用于康复医疗研究和实践应用当中，并取得了很好的成果。作为中国传统健身代表的太极拳，在养生、治病、治未病等方面的功效更深入人心，同时现代医学通过大量的研究有力地证明了打太极拳是一种很好的辅助治疗手段，是一种替代补充式的治疗。

实际上，太极拳的健康原理和依据本身就来源于我国传统的中医养生理论及儒、释、道各家的养生观和养生方法。

太极拳是最好的全民健身运动之一，因为它对人不设限，对地不设限，对时不设限，即人人可以练，时时可以练，处处可以练。一人练，一人强；一家练，一家强。从养生角度上来讲，练太极拳就是调节我们机体内外的阴阳平衡，增强自身免疫能力。人体免疫能力提高了，其自主调节能力和自愈功能就增强了，适应外界环境变化能力也会更强大了，从而促使人体的阴阳变化与自然界四季阴阳变化协调一致。练太极拳要达到强身治病的最佳收益，必须做到：一是要有生命不息、练功不止的恒心，做到晨昏无间、寒暑不断，像吃饭睡觉一样必不可少；二是把练拳提到热爱、继承、发扬祖国传统文化的高度，不急不懈，循序渐进，知理明法，精益求精。得到的回报是"防病治病、延年益寿"。

我写这本书的动力源于三点：

一、完成父亲的夙愿

我的父亲谢清明是长篇小说《龙山惊雷》的主创者之一，是《工人文艺》《平顶山工人》（这两份杂志均由河南省平顶山市总工会主办）的创刊人，他在平顶山也称得上是知名的文化工作者。父亲饱读诗书，受博大精深的中国传统文化影响，痴迷于中医。小时候家里的墙壁、门窗、衣柜上到处贴满了中医的"汤头歌诀"，不管什么时候，只要有空闲，我们就能听到父亲喃喃自语，在背记这些可以治病防病的中药处方，因为他希望自己终有一日能成为一个可以救死扶伤、治病救人的医生。

只可惜，由于种种原因，父亲始终没能实现当医生的梦想。在我们的成长过程中，他把未遂的心愿和希望寄托在我们兄妹身上，一直鼓励我们去学医，希望通过我们来实现他想当医生的夙愿。很遗憾，我们都没有如他所愿选择从医当医生。父亲为什么希望我们从医当医生呢？我悟了几十年才明白，父亲无非就是想让我们通过医术救死扶伤、为病人解除病痛；通过医术帮助他人，让病人健康起来。

而我虽然没有选择从医当医生，但通过 20 多年来传授太极拳，让许多人改善了整体功能状态，身体正常的抗病邪能力更强了，不少患有慢性疾病的病人也逐渐得到了康复。我把我所学的太极拳功法和这些真实教学案例写出来，不就是可以帮助他人，减少病人痛苦，让其健康起来的"运动处方"吗？这也算是实现了父亲希望我当医生的夙愿了。

二、不辜负恩师的期望

太极拳产生于冷兵器时代的武术技击功能，现已演变为和平时代的体育健身与修身养性功能。

太极拳的当代传承离不开创新。我的恩师陈正雷先生作为陈式太极拳嫡宗传承人和实践者，他在继承太极拳的技理精髓的同时，一直致力于太极拳的创新。20 世纪 80 年代，他创编了《陈式太极拳养生功》，先后在国内外传播，反响强烈。1996 年人民体育出版社整理编印出版后，在海内外大量发行，受到了社会各界和世界人民的欢迎，重印多次，受众颇多。民众习练后，健身防病方面的疗效很明显。

恩师多年来还一直致力于太极拳在健身养生、防病治病方面的工作，受邀到海内外多家研究机构开展合作，取得了多项研究成果。同时，恩师还多次要求我们这些弟子在太极拳传承中要与时俱进，勇于创新，通过自身的教学实践和案例，推出更多的太极拳运动处方，让更多的人因此而受益，这也是我写此书的动力之一。

三、职责使然

太极拳申遗成功，已列入人类非物质文化遗产代表作名录。太极拳作为宝贵的文化遗产和世界性的健康运动，其重要价值不可否认。作为陈式太极拳第十二代传承人、陈正雷老师的入室弟子，把太极拳传承并创新发展，是我的责任和义务。

写此书的目的就是让更多民众认识、学习正宗正源的太极拳，同时，也是结合"健康中国"战略规划，充分发挥传承人的优势，有意识地引导更多的人正确、科学、便利地利用太极拳运动达到健身养生、防病治病的自我保健目的。

在恩师陈正雷先生的指导和鼓励下，我完成了本书的编写。感谢恩师陈正雷先生为本书书名亲笔题字！

感谢中国武术协会副主席、广东省武术协会主席田新德先生为本书写序！

感谢家人们的支持！特别要感谢我的夫人刘春娥的陪伴和支持，还有我的小女儿谢玥好对我的理解。2020年3月16日是我首次收徒一周年纪念日，我的小女儿在德奇太极公众号上发表文章述说她眼中的父亲是这样的：

> 从我开始懂事有记忆以来，印象中"爸爸就是太极，太极就是爸爸"。小时候每天早上一睁眼，床上的爸爸已没了踪影，问妈妈要爸爸，妈妈总会说"晨练太极去了"；白天找不到爸爸，妈妈会说"教太极去了"；如果有些日子见不到爸爸，妈妈就会说"参加某某太极活动去了"。就这样，寒来暑往，四季更迭，万物都在变换，而爸爸喜欢太极的心始终没变。所以，在我的心目中，"爸爸就是太极，太极就是爸爸"。

家人们的理解、包容、支持是我前进的动力，让我在传承、传播太极拳的道路上更加坚定。

在编写本书过程中，弟子负责案例的收集，手稿的打印、校订及拳照图片的筛选、编排等工作；学生负责为本书录制动作视频、拍摄制作照片；拳友、学生将练习太极拳后的身心变化和收获无私分享。正是有了多方的大力支持和配合，以及弟子和学生们的无私奉献和付出，本书终于得以顺利完成。

本书在创作过程中，主要参考图书有：陈正雷《陈式太极拳全书》（人民体育出版社2009年6月出版）、李慎明《世界太极拳蓝皮书：世界太极拳发展报告（2019）》（社会科学文献出版社2020年5月出版）、张志勇《十六式太极拳》（高等教育出版社2006年7月出版）等。另外也参考了其他相关书刊和网络内容，由于是碎片式的参考研读，恕无法一一注明出处，借此谨向各位作者和同道表示感谢，并表达自己深深的歉意。同时，也敬请大家对书中疏误和不当之处给予指正。

不忘初心，方得始终。我始终铭记我的座右铭："传播太极拳，是积德行善、最有价值的事业，我愿意为它尽自己全部的力量！"

谢宗奇

2022年1月